Markus Schäfers · Elisabeth Wacker · Gudrun Wansing

Persönliches Budget im Wohnheim

VS RESEARCH

Gesundheitsförderung – Rehabilitation – Teilhabe

Herausgegeben von
Prof. Dr. Elisabeth Wacker, Technische Universität Dortmund

Seit Januar 2008 erscheint die Reihe, die bisher unter dem Titel „Gesundheit und Gesellschaft" beim Deutschen Universitäts-Verlag angesiedelt war, im Programm VS Research des VS Verlags für Sozialwissenschaften.

Markus Schäfers
Elisabeth Wacker
Gudrun Wansing

Persönliches Budget im Wohnheim

Bibliografische Information der Deutschen Nationalbibliothek
Die Deutsche Nationalbibliothek verzeichnet diese Publikation in der
Deutschen Nationalbibliografie; detaillierte bibliografische Daten sind im Internet über
<http://dnb.d-nb.de> abrufbar.

1. Auflage 2009

Alle Rechte vorbehalten
© VS Verlag für Sozialwissenschaften | GWV Fachverlage GmbH, Wiesbaden 2009

Lektorat: Dorothee Koch / Dr. Tatjana Rollnik-Manke

VS Verlag für Sozialwissenschaften ist Teil der Fachverlagsgruppe
Springer Science+Business Media.
www.vs-verlag.de

Das Werk einschließlich aller seiner Teile ist urheberrechtlich geschützt. Jede Verwertung außerhalb der engen Grenzen des Urheberrechtsgesetzes ist ohne Zustimmung des Verlags unzulässig und strafbar. Das gilt insbesondere für Vervielfältigungen, Übersetzungen, Mikroverfilmungen und die Einspeicherung und Verarbeitung in elektronischen Systemen.

Die Wiedergabe von Gebrauchsnamen, Handelsnamen, Warenbezeichnungen usw. in diesem Werk berechtigt auch ohne besondere Kennzeichnung nicht zu der Annahme, dass solche Namen im Sinne der Warenzeichen- und Markenschutz-Gesetzgebung als frei zu betrachten wären und daher von jedermann benutzt werden dürften.

Umschlaggestaltung: KünkelLopka Medienentwicklung, Heidelberg
Gedruckt auf säurefreiem und chlorfrei gebleichtem Papier
Printed in Germany

ISBN 978-3-531-16926-2

Wir danken für die
finanzielle Förderung durch den
Bundesverband evangelische Behindertenhilfe (BeB e.V.)

Vorwort

Mit Beginn des neuen Millenniums wird auch in den Unterstützungskonzepten für Menschen, die als geistig behindert bezeichnet werden, mehr und mehr Interesse auf die Rahmenbedingungen ihrer Lebensführung gerichtet. Dies ist eine konsequente Folge der Orientierung an Chancen, ein Leben in gesellschaftlicher Teilhabe so zu führen, dass es möglichst weitgehend Selbstständigkeit, Selbstverantwortung und Sinnerfahrung enthält und erweitert. In einer Umgebung, die durch ihre formalen Strukturen, ihre konzeptionellen Leitlinien, den Personaleinsatz und die materielle Ausstattung insgesamt darauf ausgerichtet ist, Kenntnisse bzw. Kompetenzen zu vermitteln und zu fördern, soll der Weg zur Selbstbestimmung und sozialen Teilhabe auch für Menschen mit schwereren Behinderungen geebnet werden. Diesen Maßstäben einer ressourcenförderlichen Umwelt müssen sich alle Rehabilitationsangebote stellen, die in Anspruch nehmen, die Lebensqualität ihrer Klientel nachhaltig zu gewährleisten. Für Leistungsanbieter bemisst sich dann der Erfolg ihrer Angebote danach, wie viel „Ermöglichungscharakter" sie haben und ob sich positive Wirkungen bei Teilhabe und Selbstwertgefühl der Nutzerinnen und Nutzer zeigen: Maßstäbe für Qualität sind demnach subjektiv erfahrene und objektiv hergestellte Chancen auf Autonomie und Inklusion.

Dass dies im Kontext traditioneller Behindertenhilfe – und insbesondere in einem ihrer Kernbereiche, dem stationären Wohnen für Menschen mit geistiger Behinderung – keine neue und keine einfache Zielsetzung ist, wissen nicht nur Fachkräfte. In den vergangenen Jahren hat ein entsprechender Wandel bei Konzepten und Alltagsregelungen in der Anbieterlandschaft auch bereits an Dynamik gewonnen: Ein Motor dieser Veränderungen kann der Einsatz von Geld- statt Sachleistungen sein, wenn durch ein Persönliches Budget Menschen mit Behinderung an Einfluss auf ihr Leben gewinnen. Auf der Grundlage individueller Förderansprüche und -pläne sollen sie über Geld gesteuert ihre Unterstützung wählen und nach eigenen Intentionen gestalten können. Soweit die Grundidee! Dass sie bei wenig Autonomie erfahrenen und objektiv mit Behinderung lebenden Menschen nicht ohne flankierende Maßnahmen real wird, ist wahrscheinlich. Es geht also nicht nur um formale und konzeptionelle Ausgestaltungen des Geldleistungsparadigmas, sondern ebenso auch um Fragen der Entwicklung von Aktivität und Kompetenz der Nutzerinnen und Nutzer sowie der Information von und Interaktion mit ihnen.

Um Chancengerechtigkeit für Menschen zu steigern, die aufgrund ihres Unterstützungsbedarfs in besonderer sozialer Abhängigkeit leben, bedarf es vieler Maßnahmen; auch ihre Verschiedenheit muss akzeptiert und ihr Eigensinn respektiert werden. Dies ist eine gesellschaftlich zu lösende Aufgabe, bei der auch die Dominanz von Organisationen eine Rolle spielt. Diese Macht zugunsten ihrer Nutzerinnen und Nutzer zu reduzieren, ist auch für die Behindertenhilfe ein Ziel. Um es zu erreichen, muss allerdings noch klarer werden, wie – jenseits gewohnter stationärer oder ambulanter Strukturen – für Menschen mit Behinderung Unterstützung so organisiert werden kann, dass sie nach eigenem Stil und in der ihnen zustehenden Qualität leben und wohnen.

Einen konkreten Beitrag hier Erfahrungen zu sammeln, stellt der Modellversuch „PerLe"[1] dar. Unter diesem „Label" verbirgt sich ein außergewöhnliches Anliegen: Geldleistungen sollen unter den Rahmenbedingungen stationären Wohnens für Menschen mit kognitiven Einschränkungen die Lebensbedingungen positiv verändern, und die Wirkungen dieser Maßnahmen werden nach wissenschaftlichen Maßstäben bewertet.

PerLe begann 2003 in einer Wohneinrichtung der Behindertenhilfe und wird bis zum heutigen Tag fortgeführt. Erst im Rahmen der Erprobung wurde deutlich, wie umfassend viele traditionell als gegeben und stabil erscheinenden Aspekte der Heimversorgung dabei in Frage gestellt wurden: beispielsweise die Annahme, dass Menschen mit geistiger Behinderung keine geeigneten Nutzer und Nutzerinnen für Persönliche Budgets seien, dass Leben im Heim nur in Form von Sachleistungen organisierbar sei, aber auch, dass Kompetenzen vor allem in individuellen Fähigkeiten gründen und weniger mit der Umweltgestaltung und den Lebensumständen zu tun hätten.

Die mehrjährige empirische Überprüfung zeigt, dass und unter welchen Rahmenbedingungen Menschen mit kognitiven und komplexen Beeinträchtigungen tatsächlich in der Lage sind, mit Hilfe eines Persönlichen Budgets die Unterstützungsangebote und die Gestaltung ihres Alltags stärker zu beeinflussen. In der wissenschaftlichen Begleitung wurde vor allem gefragt: Welche Faktoren sind förderlich bzw. hinderlich bei der Umsetzung Persönlicher Budgets im stationären Setting?

---

[1] PerLe 1: *Per*sonenbezogene Unterstützung und *Le*bensqualität; März 2001 bis April 2004 (vgl. Wacker, Wansing & Schäfers 2005)/ PerLe 2: *Per*sönliches Budget und *Le*bensqualität; Mai 2005 bis Oktober 2006.

- Wie entwickeln sich dort Lebensführung, -lagen und -stile unter Budgetbedingungen? Welche Teilhabechancen eröffnen oder verschließen sich hierbei?
- Wie verändert sich das Verhältnis von Ressourceneinsatz und Ergebnisqualität unter Budgetbedingungen? Lassen sich mit dem Persönlichen Budget Selbstbestimmung und Teilhabe bei gleichem Ressourceneinsatz steigern?
- Wie verändert das Persönliche Budget im stationären Wohnbereich Planung und Organisation (Personalpolitik, Finanzplanung usw.)?

Damit der Modellversuch Erfolg versprechend starten und verlaufen konnte, bedurfte es vielfacher Unterstützung und einer Menge allseits guten Willens: Nicht alle, die hierzu einen kleinen oder großen Beitrag geleistet haben, können genannt werden. Einigen Unterstützern des Experiments PerLe sei dennoch besonders gedankt:

In der Wohneinrichtung sind dies an erster Stelle die im Bericht nur in anonymisierter Form erwähnten Budgetnehmerinnen und Budgetnehmer, die den Mut hatten, sich trotz vieler Unwägbarkeiten auf diese neue Leistungsform einzulassen. Sie standen auch zur Verfügung, um über ihren Alltag im Wohnheim und ihre Erfahrungen mit dem Persönlichen Budget zu berichten. Ebenso gilt unser Dank dem Wohnheimpersonal. Es hat die Herausforderungen des Persönlichen Budgets engagiert angenommen und wiederholt ausführliche Interviews gegeben.

Dem Stiftungsbereich Behindertenhilfe der von Bodelschwinghschen Anstalten Bethel als Einrichtungsträger (namentlich Herrn Michael Conty und Herrn Rainer Nußbicker) und dem Landschaftsverband Westfalen-Lippe als Leistungsträger (namentlich Herrn Thomas Profazi) sei gedankt für die enge und konstruktive Zusammenarbeit bei den Vorbereitungen der Erprobung. Sie erarbeiteten die Rahmenbedingungen mit, unterstützten wiederholt einzelne Umsetzungsschritte und berieten begleitend den Modellversuch.

Dem Bundesverband evangelische Behindertenhilfe (BeB e.V.) danken wir für die finanzielle Unterstützung der wissenschaftlichen Begleitforschung und für manchen fachlichen Rat.

Dr. Dorothée Schlebrowski sei besonders gedankt für die Durchführung und Auswertung vieler Interviews.

Im Rahmen der Reihe „Gesundheitsförderung – Rehabilitation – Teilhabe" haben Themen wie „Lebensqualität" und „Leben mit mehr Teilhabe" bei Behinderung bereits einen prominenten Rang – dies soll hier und in weiteren Bänden fortgeführt werden.

Inhaltsverzeichnis

Vorwort 7

Abbildungsverzeichnis 15

Tabellenverzeichnis 17

Einleitung 19

1 Das Persönliche Budget als Steuerungsinstrument für Teilhabe 25
- 1.1 Neue Steuerung und Partizipation 25
- 1.2 Rechtliche Rahmenbedingungen 27
  - 1.2.1 Sozialgesetzbuch IX und Budgetverordnung 27
  - 1.2.2 Beteiligte Leistungsträger 28
  - 1.2.3 Komplexleistung 29
  - 1.2.4 Budgetfähige Leistungen 29
  - 1.2.5 Koordination und Kooperation der verschiedenen Leistungsträger 30
- 1.3 Modellversuche in Deutschland 32
- 1.4 Fazit 36

2 Persönliches Budget im Wohnheim: Der Modellversuch PerLe 39
- 2.1 Entstehungszusammenhang und Ziele des Modellversuchs 39
- 2.2 Das Wohnheim am Stadtring in Bielefeld 42
  - 2.2.1 Einbindung in die regionale Struktur 42
  - 2.2.2 Konzeption des Wohnheims und Bewohnerschaft 45
- 2.3 Ausgestaltung der Modellerprobung 48
  - 2.3.1 Allgemeiner Leistungsrahmen 50
  - 2.3.2 Budgetbemessung 52
  - 2.3.3 Budgetplanung und -verwaltung 56
  - 2.3.4 Bildung und Beratung 58

3 Konzeption und methodisches Vorgehen der Begleitforschung ... 61
3.1 Fragestellung und Untersuchungsansatz ... 61
3.2 Datenerhebung und -auswertung ... 64

4 Erfahrungen und Bewertungen ... 69
4.1 Erwartungen an das Persönliche Budget ... 69
4.2 Budgetbezogene Kenntnisse und Kompetenzen ... 71
    4.2.1 Verständnis für die Grundidee des Persönlichen Budgets .. 71
    4.2.2 Umsetzungsrelevante Kompetenzen: Preise, Leistungen, Planung und Transfer ... 73
4.3 Budgetberatung und -unterstützung, Bildungsauftrag ... 76
4.4 Budgetverwendung ... 80
    4.4.1 Entwicklung der Budgetausgaben insgesamt und individuell ... 80
    4.4.2 Nachgefragte Dienstleistungen: Art und Erbringungsform ... 89
4.5 Wirkungen im Leben der Budgetnehmerinnen und Budgetnehmer ... 95
    4.5.1 Subjektive Bedeutsamkeit ... 95
    4.5.2 Aktivitäts- und Entscheidungsräume ... 95
    4.5.3 Selbstsicherheit und Eigenverantwortung ... 97
    4.5.4 Beziehung zum Fachpersonal ... 99
    4.5.5 Informationsbedarfe ... 99
    4.5.6 Akzeptanz ... 100
4.6 Wirkungen auf die Arbeit des Wohnheimpersonals ... 101
    4.6.1 Transparenz und Strukturierung ... 101
    4.6.2 Angebotsvielfalt ... 103
    4.6.3 Innovationszwang und Flexibilität ... 104
    4.6.4 Rollenkonflikte ... 107
    4.6.5 Konkurrenz und Ungleichheit ... 108
    4.6.6 Bürokratischer Aufwand ... 109
    4.6.7 Berufsbild und Selbstverständnis ... 110

Inhaltsverzeichnis

5 Einzelfallanalysen 113

5.1 „Das Persönliche Budget, ja also, das hat mir sehr viel gebracht" – Sonja Zossen 114
- 5.1.1 Lebenssituation, Kompetenzen und Unterstützungsbedarfe 114
- 5.1.2 Motive zur Inanspruchnahme des Persönlichen Budgets und Erwartungen 116
- 5.1.3 Umsetzungsrelevante Kenntnisse und Kompetenzen, Budgetberatung und -unterstützung 117
- 5.1.4 Budgetverwendung 119
- 5.1.5 Bewertung des Persönlichen Budgets 126
- 5.1.6 Gesamtbetrachtung 128

5.2 „Da kann man sich ja viel aussuchen, aber ich mach bloß zu wenig, aber das reicht mir aber" – Christine Bickenkamp 129
- 5.2.1 Lebenssituation, Kompetenzen und Unterstützungsbedarfe 129
- 5.2.2 Motive zur Inanspruchnahme des Persönlichen Budgets und Erwartungen 131
- 5.2.3 Umsetzungsrelevante Kenntnisse und Kompetenzen, Budgetberatung und -unterstützung 132
- 5.2.4 Budgetverwendung 134
- 5.2.5 Bewertung des Persönlichen Budgets 136
- 5.2.6 Gesamtbetrachtung 137

5.3 „Dass ich mein eigener Chef bin" – Holger Behrens 138
- 5.3.1 Lebenssituation, Kompetenzen und Unterstützungsbedarfe 138
- 5.3.2 Motive zur Inanspruchnahme des Persönlichen Budgets und Erwartungen 140
- 5.3.3 Umsetzungsrelevante Kenntnisse und Kompetenzen, Budgetberatung und -unterstützung 140
- 5.3.4 Budgetverwendung 143
- 5.3.5 Bewertung des Persönlichen Budgets 145
- 5.3.6 Gesamtbetrachtung 147

6 Wie man sein eigener Chef wird, oder: Eine Fabel vom Umbau im stationären Wohnen 149

Literaturverzeichnis 155

Abbildungsverzeichnis

Abbildung 1: Leistungsbeziehungen nach dem Sachleistungsprinzip 26
Abbildung 2: Leistungsbeziehungen mit einem Persönlichen Budget 27
Abbildung 3: Mögliche Leistungsträger Persönlicher Budgets 28
Abbildung 4: Beispiel für eine Komplexleistung Trägerübergreifendes
Persönliches Budget 29
Abbildung 5: Koordination und Kooperation beteiligter Leistungsträger bei
der Ausführung eines (trägerübergreifenden) Persönlichen
Budgets (nach § 17 SGB IX und BudgetV) 31
Abbildung 6: Wohnsituation der Budgetnehmer/innen zum Zeitpunkt der
Budgetbeantragung (in %; n=825; vgl. Metzler et al. 2007, 88). 36
Abbildung 7: Einbindung der Modellerprobung „Persönliches Budget im
Wohnheim" in das Forschungsprogramm PerLe 39
Abbildung 8: Verteilung pauschaler Entgelte im Wohnheim am Stadtring
bis Ende August 2003 47
Abbildung 9: Differenzierte Entgelte nach Leistungstyp (LT) und
Hilfebedarfsgruppe (HBG) im Wohnheim am Stadtring seit
September 2003 48
Abbildung 10: Projektvereinbarung zwischen Leistungsträger und
Wohnheimträger 51
Abbildung 11: Änderungsprotokoll zum Heimvertrag 52
Abbildung 12: Anteile der Maßnahmepauschale für ein Persönliches Budget
für Hilfebedarfsgruppe (HBG) 1, Modellphase 1 53
Abbildung 13: Anteile der Maßnahmepauschale für ein Persönliches Budget
für Hilfebedarfsgruppe (HBG) 2 und 3, Modellphase 1 54
Abbildung 14: Beispiel für eine Budgetplanung im Rahmen individueller
Hilfeplanung 56
Abbildung 15: Monatsabrechnung für in Anspruch genommene Leistungen
im Rahmen des Persönlichen Budgets 57
Abbildung 16: Übersicht über den Verlauf der Modellerprobung und der
Begleitforschung 63
Abbildung 17: Entwicklung der Budgetausgaben (Gesamt aller
Budgetnehmerinnen und Budgetnehmer; Zeitraum August
2003 bis September 2006) 80
Abbildung 18: Verhältnis der Budgetausgaben intern/extern im
Projektverlauf 81

Abbildung 19: Budgetinanspruchnahme nach Personen (Identifikationsnummer auf der x-Achse) in der ersten Modellphase (Zeitraum Juni 2004 bis April 2005) 82
Abbildung 20: Budgetinanspruchnahme nach Personen (Identifikationsnummer auf der x-Achse) in der zweiten Modellphase (Zeitraum Oktober 2005 bis September 2006) 83
Abbildung 21: Personenbezogene Veränderungen der durchschnittlichen monatlichen Budgetausgaben von der ersten zur zweiten Modellphase 87
Abbildung 22: Durchschnittliche monatliche Budgetausgaben von Herrn Bach (BN 21) nach Modellphasen (in absoluten Zahlen) und differenziert nach intern/extern (in % der jeweiligen Budgetausgaben) 87
Abbildung 23: Durchschnittliche monatliche Budgetausgaben von Frau Geest (BN 13) nach Modellphasen (in absoluten Zahlen) und differenziert nach intern/extern (in % der jeweiligen Budgetausgaben) 88
Abbildung 24: Individuelle Budgetinanspruchnahme intern/ extern in der zweiten Modellphase (Zeitraum Oktober 2005 bis September 2006) 91
Abbildung 25: Interne und externe Budgetausgaben von Frau Zossen in der ersten Modellphase (in absoluten Zahlen) 120
Abbildung 26: Interne und externe Budgetausgaben von Frau Zossen in der zweiten Modellphase (in absoluten Zahlen) 122
Abbildung 27: Frau Zossens Budgetausgaben pro Monat nach Modellphase (in absoluten Zahlen) und differenziert nach intern/extern (in % der jeweiligen Budgetausgaben) 124
Abbildung 28: Budgetausgaben von Herrn Behrens pro Monat nach Modellphase (in absoluten Zahlen) und differenziert nach intern/extern (in % der jeweiligen Budgetausgaben) 144

Tabellenverzeichnis

Tabelle 1:	Übersicht über Modellversuche zum Persönlichen Budget bis zum Jahre 2005	33
Tabelle 2:	Größe der Wohneinrichtungen in Nordrhein-Westfalen (LVR & LWL 2001, 16)	43
Tabelle 3:	Verhältnis von ambulanten zu stationären wohnbezogenen Hilfen (Angaben in %) zum Stichtag 31.12.2005 (vgl. Forschungsgruppe IH-NRW 2006, 128).	44
Tabelle 4:	Altersstruktur der Teilnehmerinnen und Teilnehmer am Modellversuch	46
Tabelle 5:	Anzahl der Teilnehmerinnen und Teilnehmer pro Leistungstyp (LT) und Hilfebedarfsgruppe (HBG)	47
Tabelle 6:	Sachleistungen und Geldleistungen	51
Tabelle 7:	Budgethöhen nach Leistungstyp/Hilfebedarfsgruppe in Modellphase 1	54
Tabelle 8:	Budgethöhen nach Leistungstyp/Hilfebedarfsgruppe in Modellphase 2	55
Tabelle 9:	Übersicht über die Phasen der Datenerhebung	65
Tabelle 10:	Übersicht über die geführten Interviews	66
Tabelle 11:	Übersicht über das Datenmaterial für die Einzelfallanalysen	67
Tabelle 12:	Vergleich der Budgetinanspruchnahme zwischen den Modellphasen (Mittelwert in % der jeweiligen Budgethöhe und in Euro, Minimum und Maximum in %, Spannweite und Standardabweichung in Prozentpunkten)	84
Tabelle 13:	Budgetinanspruchnahme nach Hilfebedarfsgruppe in der zweiten Modellphase (Mittelwert, Minimum und Maximum in % der Budgethöhe, Relation intern/extern in % der Budgetausgaben)	84
Tabelle 14:	Aktivitäten und Ausgaben des Budgetnehmers Herr Aksu (BN 11), Beispielmonat	89
Tabelle 15:	Aktivitäten und Ausgaben der Budgetnehmerin Frau Geest (BN 13), Beispielmonat	90
Tabelle 16:	Nachgefragte externe Dienstleister	93
Tabelle 17:	Aktivitäten und Budgetausgaben von Frau Zossen (Beispielmonat Dezember 2004)	121

Einleitung: Den Umgang mit Verschiedenheit lernen

An die Reformer sozialer Systeme richtet der amerikanische Soziologe Sennett den Apell, die „komplizierten Probleme des Talents, der Abhängigkeit und der Fürsorge" zu beachten (2002, 187). Dass sich alleine mit „Entinstitutionalisierung" die neue Gestaltung der Versorgungssysteme nicht lösen lässt, haben die vergangenen Jahrzehnte gezeigt. Wie also Unterstützung für Menschen zu bewerkstelligen ist, die nicht aus eigener Kraft und mit eigenen Mittel selbstständig und selbstbestimmt ihr Leben führen können, bleibt noch offen. Denn auch ein Leben in der Gemeinde verhindert nicht per se soziale Ausgrenzung. Wie also kann Zugehörigkeitsgefühl entstehen und wachsen unter verschiedenen Menschen? Wie werden Selbstachtung und gegenseitiger Respekt möglich, auch wenn Fähigkeiten und Fertigkeiten, physische, psychische und materielle Ressourcen sich unterscheiden? Wie kann ein sozialer Ausgleich bei ungleichen Lebenschancen gelingen? Wie wird Chancengerechtigkeit gefördert, und wie werden dabei Einzelne respektiert in ihrer Entscheidungsfreiheit, ihrem Lebensstil, ihren Ausdrucksmöglichkeiten und ihren Potenzialen?

Diese gesellschaftliche Aufgabe scheint für Menschen, die auf Unterstützung angewiesen sind, lösbarer, wenn sie mehr Einfluss auf die Bedingungen ihrer Abhängigkeit erhalten. Hierzu genügen allerdings kein rein theoretisches Konzept oder ein rechtlicher Rahmen, die (mehr) Autonomie zugestehen. Vielmehr müssen über eine spezifische materielle und soziale Umwelt die passenden Umstände hergestellt werden, die Abhängigkeit wirksam mindern und Handlungskompetenz erhöhen.

Wenn man als Kernproblem sieht, dass nicht allein Abhängigkeit von Menschen mit Behinderung, die Teil ihrer Einschränkung ist, sondern auch die Hilfegestaltung Selbstständigkeit reduzieren und Passivität fördern kann, dann muss ein Weg gesucht werden, mit geeigneten Maßnahmen Selbstwirksamkeit zu steigern, Handlungsräume zu öffnen und Steuerungsmittel so bereit zu stellen, dass Unterstützung angenommen und zugleich Autonomie erlebt werden kann.

Es wird folglich nicht damit getan sein, Überfürsorglichkeit zu vermeiden und eine Umwelt so barrierearm oder -frei zu gestalten, dass durch Hilfsmittel oder räumliche Umgebung ausgefallene Funktionen kompensiert werden können (environmental support). In der Umwelt finden sich weitere Dimensionen, die individuelle Ressourcen beeinflussen: Umwelten können Anregung bieten (environmental stimulation), wie beispielsweise Sozialkontakte erleichtern oder erschweren. Sie können Möglichkeitsräume zur Entfaltung von Eigeninitiative bereitstellen, aber auch Unselbstständigkeit und Abhängigkeit fördern. Je nach Formen und Ausprägungen der Kompetenzen und Unterstützungsbedarfe einzelner Personen können diese Wirkungen verschieden auftreten. Also darf professionelle Unterstützung notwendigerweise die Regeln funktionierender Organisation samt Effektivität und Effizienz nicht aus den Augen verlieren, sie muss aber zugleich individuelle Chancengerechtigkeit wahren und persönliche Potenziale und Neigungen respektieren und ins Spiel bringen.

Auf dieser Gratwanderung bewegen sich insbesondere die Anbieter stationärer Unterstützungsleistungen seit Jahrzehnten. Sie erkennen mehr und mehr, dass sie von einer reinen Versorgungskultur Abstand nehmen müssen zugunsten höherer Aufmerksamkeit für ihre Nutzerinnen und Nutzer und deren Ressourcen, damit sie in einer mehr selbst gesteuerten materialen und personalen Umwelt ihre Kompetenzen besser entwickeln und sich stärker engagieren können. Dies steht im Einklang mit dem erklärten Ziel von Rehabilitation, für alle Bürgerinnen und Bürger „Selbstbestimmung und gleichberechtigte Teilhabe am Leben in der Gesellschaft" zu fördern (§ 1 SGB IX). Gute Unterstützung muss also Bedarfe und Bedürfnisse decken, aber auch gegen Passivität wirken. Sie muss Ansprüche achten, aber auch Pflichten zum Tragen bringen und dabei individuelle (psychische, soziale und materielle) Ressourcen tatsächlich nutzen. Dies sind Schritte auf dem Weg, den Anspruch aller Bürgerinnen und Bürger auf Gleichwertigkeit bei Verschiedenheit zu realisieren, dabei Zug um Zug den Ausschluss aus gesellschaftlichen Teilsystemen zu reduzieren und die Chancen zur Teilhabe zu erhöhen (vgl. Wansing 2005).

Ein Wechselspiel wird erforderlich: Einerseits geht es um die teilhabegerechte Gestaltung der häuslichen und außerhäuslichen Alltagswelt, die die Umwelt für alle Menschen nutzbar und verständlich macht, z.B. über passende Mobilitätsangebote, offene soziale Aktionsräume, aber auch durch gut designte Produkte (wie Automaten bei Banken, im öffentlichen Personenverkehr oder der Kommunikation). Andererseits muss aber zugleich die generelle kulturelle Aufgabe gelöst werden, Menschen in ihrer Verschiedenheit bei ihrer selbstständigen Lebensführung zu unterstützen, mit ihnen zu kommunizieren und ihre Individualität zu respektieren.

Auch jeweilige Unterstützungsbedarfe von Menschen, die mit Behinderung leben oder von ihr bedroht sein könnten, werden so als gesellschaftlich zu lösende Aufgabe begriffen und bleiben nicht nur individuelles Schicksal. Um die Aufgaben zu definieren, die nach diesen Prinzipien konkret zu lösen sind, kann die weltweit gültige „International Classification of Functioning, Disability and Health" (ICF) dienen (WHO 2001). Sie versteht – ausgedrückt über Aspekte wie „Functioning" und „Health" – Behinderung als relative und relationale Abweichung von einer angenommenen Normalität, die in ihren jeweiligen Kontexten auf dem Prüfstand steht: „Körperfunktionen und -strukturen" sind relevant in Bezug auf die „Aktivitäten" eines Menschen, also sein tatsächliches Handeln. Und als Messlatte für „Behinderung" dient nicht die vermeintlich objektive Funktionsfähigkeit bezogen auf kognitive, physische oder psychische Erwartungen an eine Person, sondern das Ausmaß erreichbarer Teilhabe an Lebensvollzügen in subjektiv relevanten gesellschaftlichen Bereichen. Für Lebensqualität, im Sinne von „Health" (der Gesundheit eines Menschen), wird schließlich das möglichst „vollständige körperliche, geistige und soziale Wohlbefinden" wesentlich, und nicht alleine die „Abwesenheit von Krankheit und Gebrechen" (WHO 1948). Rehabilitation muss demnach den gesellschaftlichen Auftrag erfüllen, das Wohlbefinden ihrer Klienten zu steigern und nicht in erster Linie Abweichungen und Funktionsstörungen verhindern, beseitigen oder mindern. Dabei ist es wesentlich, individuelle Potenziale zu erkennen und im sozialen Kontext so zum Tragen zu bringen, dass im Zusammenwirken förderlicher Umwelten und individueller Aktivitäten Teilhabe durch Teilhabe entsteht (vgl. Wacker 2008b).

Wie alle Organisationen neigen allerdings auch Systeme der Versorgung und Rehabilitation dazu, das eigene Funktionieren höher zu werten als die passgenaue Ausgestaltung von Unterstützung. Somit bleibt die Aufmerksamkeit für die verschiedenen Bedarfe und Bedürfnisse ihrer Klientel leicht auf der Strecke, und man lässt sich verführen zur Gleichmacherei, zugunsten reibungsloser Versorgungsabläufe. Gruppen(unter)ordnung und Passung der Menschen an Settings behindern aber deren Aktivität. Sie lähmen Kräfte zur Selbstbestimmung, Selbstbehauptung und Selbstständigkeit und fördern vorgegebene Rollen passiver Unterstützungsempfänger. Somit werden paradoxerweise über Angebote der Rehabilitation Chancen gesellschaftlicher Teilhabe geschmälert, denn gerade dass Menschen eigene Ressourcen im Rahmen ihrer Möglichkeiten einsetzen, ist ein Schlüssel für ihre soziale Anerkennung und den respektvollen Umgang mit ihnen. Rehabilitation muss sich also selbst das Ziel stecken, sich für den Abbau der Passivität ihrer Klientel zu engagieren, sonst führt sie selbst in den Teufelskreis gesellschaftlicher Diskriminierung und Exklusion und handelt gegen das gesetzliche Gebot der Chancengerechtigkeit (Art. 3 Abs. 3 GG bzw. AGG) (vgl. Wansing 2007a). Oder anders gewendet: Versorgungsstrukturen und -konzepte, die die Exklusion von Menschen mit Behinderung verstärken, müssen ebenso abgebaut werden wie Barrieren in der Kommunikation oder Mobilität. Diese Gemengelage aus ökologischen, sozialen und strukturellen Bedingungen kann weder von den Menschen mit Behinderung aus eigener Kraft noch alleine durch neue gesetzliche Regelungen oder weitere finanzielle Ressourcen aufgebrochen werden. Vielmehr muss das Leistungssystem der Rehabilitation sich selbst fragen, ob es alle Ziele richtig gesteckt und alle Mittel angemessen eingesetzt hat. Alleine die Weiterexistenz bestehender Versorgungsstrukturen darf jedenfalls nur solange Mittel zum Zweck sein, als sie mehr Teilhabe für Menschen mit Unterstützungsbedarfen ermöglicht. Ob ihre Leistungsnehmer in einer individualisierten Gesellschaft Hilfe so (mit-)steuern können, dass verwirklichte Teilhabe und Selbstbestimmung wachsen (vgl. Wacker 2008c), muss daher auch ein Erfolgsmaßstab für professionelle Unterstützung sein (vgl. Schäfers 2008b).

Schritte in die richtige Richtung sind in der Fachdiskussion wenig umstritten: Die Individualität der Klienten ist zu respektieren, ihre Potenziale sind zu erkennen und ihre Kompetenzen zu fördern im Kontext der jeweils benötigten Unterstützung (vgl. Kruse 2006). Unterstützung muss zukünftig zunehmend maßgeschneidert werden nach der Vorgabe der Nutzerinnen und Nutzer. Diese gewinnen dann an Einfluss auf den Einsatz der verfügbaren Ressourcen. Ein verbrieftes Recht auf diesem Weg in die Zukunft könnte das seit dem 1. Januar 2008 als gesetzlicher Anspruch bestehende Persönliche Budget (nach § 17 SGB IX) darstellen, das viele der geforderten Optionen eröffnet, indem Sachleistungen durch Geldleistungen ersetzt werden (vgl. Wansing 2007b; Wacker 2009).

Unterstützung nicht nur über Sachleistungen zu steuern, sondern über Geldbeträge den Nutzerinnen und Nutzern mehr Einfluss auf Maßnahmen und Gestaltung zu geben, wird in verschiedenen europäischen Ländern seit einigen Jahren realisiert. Dies geschieht u.a. in der Hoffnung, Menschen mit Behinderung mehr Initiativchancen gegenüber Leistungsanbietern zu ermöglichen (vgl. Wacker, Wansing & Schäfers 2005; Baumgartner et al. 2007). Es entspricht der Leitidee einer Gesellschaft der Vielfalt, in der verschiedene Menschen bei mehr Chancengerechtigkeit zusammenleben können (vgl. Wacker et al. 2005, 9f.). Eine „neue Rehabilitation" soll weder Normalität erzeugen noch Verschiedenheit therapieren, sondern – nach den Prinzipien der Salutogenese (vgl. Antonovsky 1997) – Kraftquellen identifizieren und fördern, die Menschen „gesund sein" lassen. Dafür muss sie vor allem ihre Assistenzleistungen neu definieren und den

Umgang mit Verschiedenheit lernen. Dies sind allerdings generell noch zu bewältigende sozialstaatliche Aufgaben; nicht nur die Behindertenhilfe steht hier noch an den Anfängen.

Was das Persönliche Budget zur neuen Leistungsgestaltung im stationären Wohnen beitragen kann und welche Wirkungen es dort entfaltet, wird in diesem Buch reflektiert.

Zunächst werden in Kapitel 1 konzeptionelle und rechtliche Grundlagen der neuen Leistungsform Persönliches Budget dargelegt, verbunden mit einem kurzen Überblick über Modellversuche in Deutschland. Kapitel 2 befasst sich mit der konkreten Erprobung des Persönlichen Budgets in einem Wohnheim. Ausgangslage, Zielsetzung und Rahmenbedingungen dieses Modellversuchs PerLe (Personenbezogene Unterstützung und Lebensqualität) werden beschrieben und anschließend Konzeption und Methodik der wissenschaftlichen Begleitung skizziert (Kapitel 3).

Die folgenden Kapitel stellen Forschungsergebnisse vor und interpretieren sie: Während Kapitel 4 dem Einsatz des Persönlichen Budgets gesamt und seinen Wirkungen gewidmet ist, nimmt Kapitel 5 Bezug auf einzelne exemplarische Budgetnutzerinnen und -nutzer und wertet Entwicklungsschritte auch längsschnittlich aus.

In Kapitel 6 werden ein Resümee vorgestellt und notwendige weitere Schritte in den Blick genommen.

1 Das Persönliche Budget als Steuerungsinstrument für Teilhabe

1.1 Neue Steuerung und Partizipation

Leistungsanbieter der Rehabilitation haben erkannt, wie wichtig es ist, die Beteiligung der Nutzerinnen und Nutzer zu stärken und sich konsequenter auf teilhabeförderliche Maßnahmen zu konzentrieren, und sie fördern dies durch inhaltliche Konzepte. Zugleich sehen sie sich aber in einer Situation, in der es gilt, die Interessen ihrer Klientel gegenüber anderen öffentlichen Aufgaben zu wahren und auch ihre Leistungssysteme zu schützen. Dies äußert sich auch in Form struktureller Beharrungstendenzen, die Wandel hemmen, und charakterisiert die paradoxe Lage, in der um die Jahrtausendwende neue Steuerungselemente in der Behindertenhilfe Eingang finden sollten.

Insbesondere soll als bereits international erprobtes Instrument das Persönliche Budget auch in Deutschland eine teilhabeförderliche Dynamik entfalten. Dafür schuf man, beeinflusst durch positive Erfahrungen in europäischen Nachbarländern wie den Niederlanden und Schweden (vgl. Baumgartner et al. 2007), im Jahr 2001 mit dem SGB IX die Möglichkeit, Rehabilitationsleistungen statt als Sach- in Form von Geldleistungen zu erbringen. An die Stelle der institutionell bereitgestellten und finanzierten Einrichtungen und Dienste kann nun ein bedarfsorientierter, regelmäßig zugewiesener vereinbarter Geldbetrag treten, den Menschen mit Behinderung gemäß ihren individuellen Bedürfnissen und in eigener Verantwortung nutzen können, um die erforderliche Unterstützung zu organisieren.

Auf diese Weise soll das gesetzlich verankerte individuelle Wunsch- und Wahlrecht bei der Entscheidung über sowie bei der Ausführung von Leistungen zur Teilhabe (§ 9 Abs. 1 SGB IX) gestärkt werden. Zugleich geht es aber auch darum, gewachsene Leistungsstrukturen (insbesondere der Anbieterlandschaft in der Eingliederungshilfe) in Deutschland weiterzuentwickeln. Obwohl beispielsweise grundsätzlich seit Jahren der Vorrang ambulant betreuten Wohnens erklärt ist und alle Fachstimmen ebenso wie die politischen und Selbstvertretungskräfte Ambulantisierung als ihr Ziel beteuern, wird die Angebotsstruktur immer noch von stationären Einrichtungen dominiert: Von insgesamt 250.000 Empfängern und Empfängerinnen von Eingliederungshilfen im Bereich Wohnen erhalten 77 % stationäre und 23 % ambulante Leistungen (vgl. BAGüS 2006, 10). Von der Umsteuerung relevanter Ressourcen (wie Geld, Zuständigkeiten und Wirkmacht) zugunsten der Nachfragerseite erwartet man nun einen erhöhten Wettbewerb im Bereich der sozialen Dienste und einen beschleunigten Angebotswandel zugunsten ambulanter Leistungen bzw. der Verzahnung stationärer und ambulanter Dienste. Zudem sollen ressourcenschonende Effekte eintreten, wenn persönliche Kräfte der Leistungsberechtigten besser genutzt und ihre informellen Unterstützungssysteme (wieder-)belebt und gestärkt werden.

Mit dem Wechsel von der Sach- zur Geldleistung sollen die Beziehungen im System der Rehabilitation also auf eine neue Basis gestellt, die traditionellen Kräfteverhältnisse verlagert und eine Dynamik des Wandels in Gang gesetzt werden, die der Vielfalt der Bedarfe und Bedürfnisse bei Behinderung besser entspricht. Die engen (gesetzlich legitimierten) Vertragsbeziehungen zwischen Leistungsträgern und -anbietern (vgl. Abbildung 1) werden dafür aufgelöst oder zumindest geschwächt.

Abbildung 1: Leistungsbeziehungen nach dem Sachleistungsprinzip

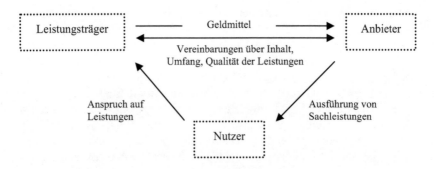

Die Leistungsberechtigten treten selbst ins Zentrum der neuen Leistungsbeziehungen (vgl. Abbildung 2). Die von ihnen jeweils beauftragten Leistungsanbieter gewährleisten ihnen direkt die Qualität vertraglich vereinbarter bedarfsdeckender Leistungen, und die Leistungsträger verhandeln mit ihnen individuell über Art und Umfang der Budgets. Das Persönliche Budget soll insofern als Instrument der Selbststeuerung dienen, indem es Menschen mit Behinderung eine Chance eröffnet, ihre passive Rolle als Adressaten von Verwaltungshandeln und als Empfänger expertendefinierter Unterstützungen zu verlassen und den Leistungsprozess aktiv mitzugestalten. Dies entspricht sowohl der Verwirklichung bürgerlicher Mitbestimmungs- und Mitwirkungsrechte (demokratische Partizipation) als auch der Konsumentensouveränität über eine aktivere Rolle im sozialen „Dienstleistungsmarkt".

Abbildung 2: Leistungsbeziehungen mit einem Persönlichen Budget

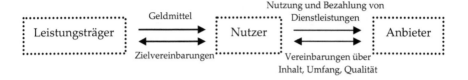

1.2 Rechtliche Rahmenbedingungen

1.2.1 Sozialgesetzbuch IX und Budgetverordnung

Grundvoraussetzung für Leistungen über ein Persönliches Budget sind der prinzipielle Anspruch auf Teilhabeleistungen nach § 5 SGB IX sowie ein Antrag, durch den Leistungsberechtigte ihren Wunsch auf Geldleistungen in Form eines Persönlichen Budgets konkretisieren. Während einer bis Ende 2007 reichenden Erprobungsphase entschied auf dieser Basis der zuständige Rehabilitationsträger (nach pflichtgemäßem Ermessen) über entsprechende Anträge; seit dem 1. Januar 2008 sind die Leistungsträger gesetzlich verpflichtet, Leistungen zur Teilhabe auf Wunsch in Form eines Persönlichen Budgets zu erbringen.

Die konkrete Ausführung solcher Budgetleistungen wird im Kern in § 17 SGB IX geregelt. In der Erstfassung des SGB IX vom Juli 2001 hieß es dazu: „Der zuständige Leistungsträger kann Leistungen zur Teilhabe (...) durch ein persönliches Budget ausführen. Er bleibt für die Ausführung der Leistung verantwortlich. Satz 1 Nr. 1 bis 3 gilt insbesondere dann, wenn der Rehabilitationsträger die Leistung dadurch wirksamer oder wirtschaftlicher erbringen kann."

Dieser zunächst knapp formulierte rechtliche Rahmen für einzelne (inzwischen abgeschlossene) Modellerprobungen durch die Rehabilitationsträger wurde im Zuge der Fortentwicklung des Sozialrechts weiter ausgestaltet:

- durch Einordnen des Sozialhilferechtes (BSHG) in das SGB XII zum 1. Juli 2004,

- durch Inkrafttreten der Budgetverordnung (BudgetV), ebenfalls zum 1. Juli 2004, sowie
- durch das Gesetz zur Vereinfachung der Verwaltungsverfahren im Sozialrecht (kurz: Verwaltungsvereinfachungsgesetz) vom 21. März 2005.

Diese Weiterentwicklungen bzw. Präzisierungen der gesetzlichen Bestimmungen zum Persönlichen Budget beziehen sich vorrangig darauf, wie die beteiligten Leistungsträger Leistungen ausführen, sie (trägerübergreifend) koordinieren sowie wie budgetfähige Leistungen festgelegt werden.

1.2.2 Beteiligte Leistungsträger

Anfangs waren für die Ausführung eines Persönlichen Budgets zunächst ausschließlich die Rehabilitationsträger vorgesehen, einschließlich der Sozialhilfeträger, die – unter Beibehalt ihrer Nachrangigkeit – im SGB IX erstmalig in den Kreis der Rehabilitationsträger einbezogen wurden. Mit der Neufassung zum 1. Juli 2004 erhielten auch die Pflegekassen und Integrationsämter die Möglichkeit, Leistungen über Persönliche Budgets zu erbringen (vgl. Abbildung 3), so dass sich ein erweiterter Kreis potenzieller Leistungsträger ergab:

Abbildung 3: Mögliche Leistungsträger Persönlicher Budgets

- Gesetzliche Krankenversicherung
- Bundesagentur für Arbeit
- Gesetzliche Unfallversicherung
- Gesetzliche Rentenversicherung
- Kriegsopferversorgung
- Kriegsopferfürsorge
- Kinder- und Jugendhilfe
- Sozialhilfe
- Soziale Pflegeversicherung (seit 2004)
- Integrationsämter (seit 2004)

1.2.3 Komplexleistung

Persönliche Budgets können im Einzelfall von nur einem oder von mehreren dieser Leistungsträger ausgeführt werden. Sind mehrere Leistungsträger beteiligt, soll das Persönliche Budget trägerübergreifend als Komplexleistung erbracht werden. Ziel dieser Regelung ist, dass Menschen mit komplexen Unterstützungsbedarfen und Leistungsansprüchen gegenüber verschiedenen Leistungsträgern ein Gesamtbudget „wie aus einer Hand" erhalten können (vgl. Abbildung 4).

Abbildung 4: Beispiel für eine Komplexleistung Trägerübergreifendes Persönliches Budget

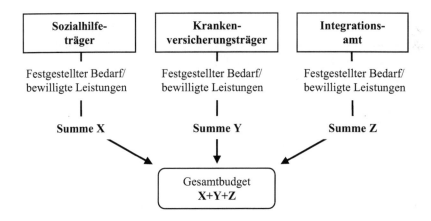

1.2.4 Budgetfähige Leistungen

Es wurden nicht nur mögliche Leistungsträger festgelegt, sondern auch die Bestimmungen der für ein Persönliches Budget vorgesehenen Leistungen weiterentwickelt. Während es hierzu in der ersten Fassung des § 17 SGB IX keine spezifischen Vorgaben gab, grenzte man mit der Neufassung im Juli 2004 die Leistungen, die für ein Persönliches Budget in Frage kommen, zunächst ein. Als budgetfähig wurden solche Leistungen festgelegt, die sich auf „alltägliche, regelmäßig wiederkehrende und regiefähige Bedarfe beziehen". Der Begriff der Regiefähigkeit erwies sich jedoch im Gebrauch als missverständlich. Oft wurde er auf Kompetenzen der Leistungsberechtigten bezogen, so dass sich eine Debatte um die Budgetfähigkeit bestimmter Personenkreise entwickelte. Durch die Änderungen des Verwaltungsvereinfachungsgesetzes modifizierte man daher diese Vorgabe und regelte die Frage der Budgetfähigkeit eindeutig: Nun gelten prinzipiell *alle* Leistungen zur Teilhabe nach SGB IX als budgetfähig. Darüber hinaus können nach § 17 Abs. 2 Satz 4 SGB IX auch „Leistungen der Krankenkassen und der Pflegekassen, Leistungen der Träger der Unfallversicherung bei Pflegebedürftigkeit sowie Hilfe zur Pflege der Sozialhilfe, die sich auf alltägliche und regelmäßig wiederkehrende Bedarfe beziehen" als Persönliche Budgets erbracht werden.

1.2.5 Koordination und Kooperation der verschiedenen Leistungsträger

Neben den budgetrelevanten Leistungsarten und Leistungsträgern regelt der Gesetzgeber durch den § 17 SGB IX und die Budgetverordnung auch zentrale Verfahrensfragen bei der Ausführung Persönlicher Budgets. Nach einem Hauptanliegen des SGB IX, die (teils beitrags-, teils steuerfinanzierten) Leistungen unterschiedlicher Leistungsträger (vgl. Abbildung 3) für die Leistungsberechtigten besser zu koordinieren, erfordert eine Komplexleistung ein effektives und effizientes Schnittstellenmanagement. Eine verantwortliche Stelle wird benannt, damit Zuständigkeiten schnell und unbürokratisch geklärt werden und die Prozesse von der Antragstellung bis zur Qualitätssicherung zwischen den beteiligten Leistungsträgern möglichst koordiniert und reibungslos ablaufen. Sie soll auch gewährleisten, dass das Verfahren zum Persönlichen Budget unverzüglich in Gang kommt und für den Budgetnehmer das Ergebnis tatsächlich wie aus einer Hand erbracht wird. Im Gesamtverfahren eines Persönlichen Budgets kommt diese Schlüsselposition dem „beauftragten" Leistungsträger zu (vgl. Abbildung 5). Für diese Rolle ist prinzipiell der nach § 14 SGB IX zuständige Leistungsträger vorgesehen. Eine zunächst pragmatische Lösung, den zuerst angegangenen Leistungsträger in der zentralen Prozessverantwortung zu sehen und zu belassen, wurde so flexibilisiert (Änderung durch das Verwaltungsvereinfachungsgesetz 2005), dass in Abstimmung mit dem Leistungsberechtigten und den jeweils beteiligten Leistungsträgern auch ein anderer Leistungsträger beauftragt werden kann. Dies erweist sich beispielsweise dann als sinnvoll, wenn der Antrag auf ein Persönliches Budget bei einem Leistungsträger gestellt wurde, der letztlich nicht (dauerhaft) mit eigenen Leistungen am Persönlichen Budget beteiligt ist.

Abbildung 5 stellt die wesentlichen Verfahrensschritte vom Antrag bis zur Ausführung eines Persönlichen Budgets zusammen, wie sie aktuell in den Bestimmungen des § 17 SGB IX und der Budgetverordnung vorgesehen sind.

Abbildung 5: Koordination und Kooperation beteiligter Leistungsträger bei der Ausführung eines (trägerübergreifenden) Persönlichen Budgets (nach § 17 SGB IX und BudgetV)

> Der Leistungsberechtigte stellt einen **Antrag** auf Leistungen durch ein Persönliches Budget bei einem Leistungsträger.

> Der beauftragte Leistungsträger **klärt** den **Leistungsanspruch** und ob noch weitere Leistungen anderer Träger in Frage kommen.

> Die beteiligten Leistungsträger stellen zunächst aus ihrer Sicht den **individuellen Bedarf** fest.

> In einem **Bedarfsfeststellungsverfahren** beraten die Leistungsträger und der Leistungsberechtigte über den Bedarf, budgetfähige Leistungen, die Höhe des Persönlichen Budgets, Inhalte der Zielvereinbarung sowie den Beratungs- und Unterstützungsbedarf.

> Als Ergebnis wird eine (befristete) **Zielvereinbarung** geschlossen.

> Die Leistungsträger stellen dem beauftragten Leistungsträger die **Teilbudgets** zur Verfügung.

> Der beauftragte Leistungsträger überweist dem Leistungsberechtigten das **Gesamtbudget**.

1.3 Modellversuche in Deutschland

Bereits seit der ersten Fassung des SGB IX (§ 17 Abs. 3) aus dem Jahre 2001 werden Persönliche Budgets durch die Rehabilitationsträger in Modellvorhaben erprobt. Die Umsetzung erfolgte allerdings insgesamt zögerlich. Eine Übersicht über Erprobungen im Zeitraum bis 2005 gibt Tabelle 1 (für eine ausführliche Darstellung vgl. Wacker, Wansing & Schäfers 2005, 61ff.):

- Als erstes Bundesland führte Rheinland-Pfalz (zunächst auf Basis der Experimentierklausel des § 101a BSHG) ein Persönliches Budget im Bereich der Eingliederungshilfe in vier Modellkommunen ein; im Modellzeitraum von September 1998 bis Dezember 2000 erhielten hier 119 Personen ein Persönliches Budget (vgl. Kaas 2002).
- In Baden-Württemberg wurde das Persönliche Budget von 2002 bis 2005 in drei Landkreisen erprobt (vgl. Kastl & Metzler 2005). In dieser Zeit wurden insgesamt 37 Budgets in der Zuständigkeit der Sozialhilfeträger (Eingliederungshilfe) und 12 Budgets in der Zuständigkeit der Rentenversicherung bewilligt. Trägerübergreifende Budgets konnten nicht realisiert werden, obwohl ein trägerübergreifender Ansatz in der Konzeption des Modellversuchs ausdrücklich vorgesehen war.
- In Hamburg fand eine Modellerprobung von Januar 2003 bis Juni 2005 statt. Hierbei wurden Persönliche Budgets im Bereich der ambulanten Eingliederungshilfe für insgesamt 18 Budgetnehmerinnen und -nehmer umgesetzt.
- Im Bezirk Mittelfranken (Bayern) begann man im Juli 2003 mit Persönlichen Budgets im Bereich der Eingliederungshilfe. Im Modellzeitraum bis Mitte 2004 erhielten insgesamt zehn Leistungsberechtigte ein Persönliches Budget.
- In Niedersachsen wurde das Persönliche Budget im Bereich der ambulanten Eingliederungshilfe vom Januar 2004 bis zum Dezember 2005 erprobt (vgl. Windheuser, Ammann & Warnke 2006). In diesem Rahmen fanden sich insgesamt 53 Budgetnehmerinnen und -nehmer.

Tabelle 1: Übersicht über Modellversuche zum Persönlichen Budget bis zum Jahre 2005

Modellregion	Zeitraum	Anzahl Budgetnehmer	Budgetleistungen
Rheinland-Pfalz	09/98 – 12/00	119	Ambulante Eingliederungshilfe
Baden-Württemberg	10/02 – 05/05	49	Ambulante Eingliederungshilfe/ Teilhabe am Arbeitsleben (Rentenversicherung)
Hamburg	01/03 – 06/05	18	Ambulante Eingliederungshilfe
Mittelfranken	07/03 – 06/04	10	Eingliederungshilfe
Niedersachsen	01/04 – 12/05	53	Ambulante Eingliederungshilfe

Insgesamt blieben die praktischen Erfahrungen mit dem Persönlichen Budget auch im Kontext der aufgeführten Modellversuche sehr begrenzt, sowohl hinsichtlich der Erprobungsdauer und der Anzahl an Budgetnehmerinnen und Budgetnehmern als auch unter dem Aspekt der einbezogenen Leistungen und beteiligten Leistungsträger.

Im Zentrum der Modellerprobungen standen stets ambulante Leistungen der Eingliederungshilfe, entweder weil dies konzeptionell vorgesehen war oder weil stationäre Leistungen zwar prinzipiell nicht ausgeschlossen waren, in der Praxis aber kaum umgesetzt wurden.

Die ausdrückliche Beteiligung von Rehabilitationsträgern außerhalb der Sozialhilfe bzw. ein trägerübergreifender Ansatz waren zunächst ausschließlich in der Konzeption Baden-Württembergs vorgesehen; hier erprobte jedoch neben den Trägern der Sozialhilfe nur der Träger der Rentenversicherung in eigener Zuständigkeit Persönliche Budgets.

Insgesamt zeigen sich in der Umsetzung trotz vieler Unterschiede bei den Konzepten, den regionalen Voraussetzungen und den Vorgehensweisen in allen Modellprojekten ähnliche Erfahrungen (vgl. im Folgenden MASFG 2004; Kastl & Metzler 2005; Wacker, Wansing & Schäfers 2005; Windheuser, Amman & Warnke 2006):

- Zu Beginn der Modellversuche bestand große Skepsis bei allen Beteiligten (Leistungsträgern, Leistungsanbietern, Menschen mit Behinderung und Interessenvertretungen); die Widerstände bei der Implementierung waren zum Teil erheblich.
- Dies fand seinen Niederschlag in langen Anlaufzeiten und zunächst geringen Budgetnehmerzahlen, die jedoch im weiteren Verlauf kontinuierlich stiegen.
- Die Bewertungen des Persönlichen Budgets fielen bei den Nutzerinnen und Nutzern durchweg positiv aus:
    - Es entwickelten sich neue, individuell passende(re) Formen der Unterstützung, vielfach durch eine Kombination professioneller Leistungen mit öffentlicher Infrastruktur und nicht-professionellen bzw. privaten Unterstützungen.
    - Ein Heimaufenthalt konnte in vielen Fällen vermieden werden.
    - Die Budgetnehmerinnen und -nehmer äußerten insgesamt eine hohe Zufriedenheit mit dem Persönlichen Budget; sie berichteten von gesteigertem Selbstbewusstsein, Zugewinnen an Selbstbestimmung sowie von positiven Wirkungen auf ihre selbstständige Lebensführung und soziale Teilhabe.
- Ein Missbrauch des Budgets wurde nicht oder nur in (zumeist lösbaren) Einzelfällen beobachtet.

Die Umsetzung des Persönlichen Budgets wurde in den oben genannten Regionen nach Abschluss der Modellphasen weiter fortgesetzt bzw. in Modellprojekte zur Erprobung des Trägerübergreifenden Persönlichen Budgets (s. unten) überführt:

- In Rheinland-Pfalz führte man das Persönliche Budget sukzessive als reguläre Leistungsform landesweit ein. Die Umsetzung erfolgt inzwischen flächendeckend. Drei Regionen (Trier, Trier-Saarburg und Bernkastel-Wittlich) nahmen zudem an der Modellerprobung zum Trägerübergreifenden Persönliches Budget teil (vgl. Metzler et al. 2007).
- In Baden-Württemberg wurde das Persönliche Budget ebenfalls sukzessive ausgeweitet und in weiteren Landkreisen realisiert.
- Die begonnene Modellerprobung im Bezirk Mittelfranken wurde in das Modellprojekt Trägerübergreifendes Persönliches Budget überführt.

1.3 Modellversuche in Deutschland

- In Niedersachsen führte man die Umsetzung in den (vormaligen) Modellregionen fort und empfahl von politischer Seite, das Persönliche Budget im Bereich der ambulanten Eingliederungshilfe flächendeckend einzuführen.

Da das Persönliche Budget seit der im Jahr 2004 in Kraft getretenen Neufassung des SGB IX nicht auf Modellregionen beschränkt ist, können Leistungsberechtigte im gesamten Bundesgebiet ein Persönliches Budget beantragen. Ungeachtet dessen hat das Bundesministerium für Arbeit und Soziales weitere Modellversuche initiiert, insbesondere zur Erprobung Trägerübergreifender Persönlicher Budgets. Diese Modellversuche in 14 Regionen bzw. acht Bundesländern wurden von einem Forschungsverbund bestehend aus den Universitäten Tübingen (Z.I.E.L.), Dortmund (Rehabilitationssoziologie) und der Pädagogischen Hochschule Ludwigsburg (Reutlingen) wissenschaftlich begleitet (zu ausführlichen Ergebnissen vgl. Metzler et al. 2007).

Insgesamt wurden im Projektzeitraum (2004-2007) knapp 850 bewilligte Persönliche Budgets dokumentiert (494 Budgets in den Modellregionen und weitere 353 Budgets aus Regionen, die nicht explizit an der Modellerprobung beteiligt waren). Die größte Gruppe, die das Budget in Anspruch nahm, bildeten Menschen mit psychischer Erkrankung (einschließlich Suchterkrankung) mit einem Anteil von 42 %, gefolgt von Menschen mit geistiger Behinderung (31 %) sowie von Menschen mit Körperbehinderung (19 %) (vgl. Metzler et al. 2007, 82).

Nahezu alle Budgets (95 %) wurden in der Zuständigkeit eines Leistungsträgers (vor allem Sozialhilfeträger) bewilligt, trägerübergreifende Persönliche Budgets hatten einen Anteil von 5 %. Die in Form eines Persönlichen Budgets bewilligten Leistungen wurden im Wesentlichen von den zwei Leistungsarten „ambulante Eingliederungshilfe im häuslichen Bereich" und „Leistungen zur Teilhabe am Leben in der Gemeinschaft" (beides Leistungen der Sozialhilfe) dominiert; sie resultierten oftmals aus einer Umwandlung der Sachleistung „ambulant betreutes Wohnen" in ein Persönliches Budget. Andere Leistungsträger (außerhalb der Sozialhilfe) und andere Leistungsarten stellten – quantitativ betrachtet – eine Randerscheinung dar (vgl. Metzler et al. 2007, 90ff.).

Wie bei den Vorgänger-Modellversuchen begrenzte sich die Erfahrungsbasis in den Modellprojekten Trägerübergreifendes Persönliches Budget im Wesentlichen auf ambulante Leistungen der Eingliederungshilfe; stationäre Leistungen im Wohnbereich wurden beispielsweise nur in seltenen Fällen in ein Persönliches Budget einbezogen. Lediglich 3 % der Budgetnehmerinnen und Budgetnehmer wohnten zum Zeitpunkt der Antragstellung in stationären Einrichtungen

(Wohnheim, Senioren- oder Pflegeheim, Außenwohngruppe, Dorfgemeinschaft). Der überwiegende Teil lebte in Privatwohnungen oder in ambulant betreuten Wohnangeboten (vgl. Abbildung 6).

Abbildung 6: Wohnsituation der Budgetnehmer/innen zum Zeitpunkt der Budgetbeantragung (in %; n=825; vgl. Metzler et al. 2007, 88)

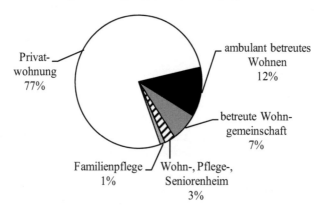

1.4 Fazit

Vor diesem Hintergrund wird deutlich, dass ein erhebliches Umsetzungsdefizit besteht zwischen sozialpolitischer Zielsetzung und tatsächlicher Praxis. Einerseits erklärt der Gesetzgeber, keine bestimmten Zielgruppen systematisch vom Persönlichen Budget ausschließen zu wollen: Jede Person mit Behinderung und Anspruch auf Unterstützungsleistungen kann grundsätzlich ungeachtet der Art und des Ausmaßes ihrer Beeinträchtigung sowie der Wohn- und Betreuungsform ein Persönliches Budget erhalten. De facto werden in der Umsetzung jedoch bislang fast ausschließlich Personen mit ambulanten Hilfearrangements erreicht, und das obwohl im Sachleistungsbereich weitaus mehr Personen stationäre als ambulante Leistungen beziehen (vgl. Kap. 1.1). Wenn das sozialpolitische Ziel, mit dem Persönlichen Budget mehr Selbstbestimmung und gesellschaftliche Teilhabe zu erreichen, grundsätzlich für jede Person gilt, so müssen folglich die Chancen, die sich mit einem Persönlichen Budget eröffnen, durch geeignete Rahmenbedingungen auch für Menschen mit komplexen Beeinträchtigungen, die

1.4 Fazit

derzeit zu einem großen Teil in stationären Wohneinrichtungen leben, zugänglich gemacht werden.

Überdies wird aus struktureller Sicht die (starre) Grenze zwischen ambulanten und stationären Leistungsangeboten weiter aufrechterhalten, wenn man bei Persönlichen Budgets ausschließlich auf den ambulanten Sektor setzt: Pauschalangebot im Heim oder differenzierte ambulante Leistungen in der eigenen Wohnung bliebe die einzige Option. Einer erforderlichen Flexibilisierung und Durchlässigkeit des Hilfesystems kann dies kaum Rechnung tragen. Daher bedarf es besonderer Impulse zur Grenzüberschreitung und Innovation insbesondere aus dem stationären Sektor heraus.

Dabei sind die von Anbietern, Leistungsträgern und Angehörigen vorgetragenen Bedenken im Hinblick auf die Tauglichkeit Persönlicher Budgets für Menschen mit geistiger Behinderung durchaus ernst zu nehmen (vgl. Wansing, Hölscher & Wacker 2003). Deswegen war eine empirische Überprüfung, ob und unter welchen Bedingungen dieser Personenkreis tatsächlich in der Lage sein kann, mit Hilfe eines Persönlichen Budgets auch im stationären Kontext stärker Einfluss auf Unterstützungsangebote zu nehmen, dringend notwendig. Genau dieser Aspekt war deswegen die Ausgangsfrage für den Modellversuch PerLe zur Erprobung eines Persönlichen Budgets im Wohnheim.

2 Persönliches Budget im Wohnheim: Der Modellversuch PerLe

2.1 Entstehungszusammenhang und Ziele des Modellversuchs

Der Modellversuch zum Persönlichen Budget im Wohnheim ist eingebettet in das breit angelegte Forschungsprogramm *PerLe* „*Per*sonenbezogene Unterstützung und *Le*bensqualität (1)" bzw. „*Per*sönliches Budget und *Le*bensqualität (2)" (vgl. Abbildung 7), das sich systematisch mit den Chancen personenbezogener Unterstützung auseinandersetzt und insbesondere die Möglichkeiten für Menschen mit geistiger Behinderung auslotet, ihre Unterstützungsleistungen individueller zuzuschneiden und bezogen auf die benötigten Leistungserbringer mehr zu steuern. Dadurch soll ein Zuwachs an Lebensqualität erreicht werden.

Abbildung 7: Einbindung der Modellerprobung „Persönliches Budget im Wohnheim" in das Forschungsprogramm PerLe

PerLe 1 Personenbezogene Unterstützung und Lebensqualität Aktuelle Standards der Hilfen und notwendige Ressourcen für eine selbstbestimmte Lebensführung von geistig behinderten Menschen *(2001 bis 2004)*

Modul A: Uni Tübingen Analyse des Zusammenhangs von Hilfebedarf, Ressourceneinsatz und Ergebnisqualität (Sachleistungssystem)	*Modul B: TU Dortmund* Konzeptionelle Grundlegung und konkrete Ausgestaltung eines Persönlichen Budgets; Modellerprobung im Wohnheim (Geldleistungssystem)

PerLe 2 Persönliches Budget und Lebensqualität Fortsetzung der Modellerprobung im Wohnheim, Weiterentwicklung und Evaluation *(2005 bis 2006)*

Aktuelle sozialpolitische Entwicklungen, vor allem im Kontext der Finanzierung von Rehabilitation (effektiver und effizienter Ressourceneinsatz sowie Fragen der Bemessung von Leistungen), sowie konzeptionelle Neuorientierungen (Leitideen der Selbstbestimmung, Teilhabe und Lebensqualität) gaben den Anstoß, zunächst in zwei Forschungsmodulen der Frage nachzugehen, auf welche Weise individuelle Bedarfe und Bedürfnisse von Menschen mit Behinderung, insbesondere mit so genannter geistiger Behinderung, abgedeckt und eine selbstbestimmte Teilhabe am Gesellschaftsleben erreicht werden können – sowohl innerhalb als auch außerhalb des bestehenden Systems der Behindertenhilfe.

Während sich im Verbundprojekt die Forschungsarbeiten der Universität Tübingen auf die Leistungserbringung im traditionellen Sachleistungssystem konzentrierten (Modul A), befasste sich die TU Dortmund vorrangig mit der neuen Leistungsform des Persönlichen Budgets (Modul B): Modelle und Erfahrungen mit dem Persönlichen Budget im In- und Ausland wurden analysiert und ein idealtypisches Modell der praktischen Ausgestaltung im deutschen Rehabilitationssystem entwickelt (für eine ausführliche Darstellung der Ergebnisse vgl. Wacker, Wansing & Schäfers 2005).

Die konzeptionelle Modellentwicklung führte zu der Idee, die zwischen allen Leistungsbeteiligten abgestimmten wesentlichen Eckpunkte im Rahmen eines Modellversuchs empirisch zu erproben, dabei auf den Prüfstand zu stellen und gegebenenfalls zu modifizieren. Deswegen befasste sich ein Expertenkreis (im Wesentlichen aus Vertreterinnen und Vertretern der TU Dortmund, des Landschaftsverbands Westfalen-Lippe, des Stiftungsbereichs Behindertenhilfe der von Bodelschwinghschen Anstalten Bethel sowie zeitweise des Bundesministeriums für Arbeit) intensiv damit, die Rahmenbedingungen für eine praktische Erprobung zu überlegen. Dadurch wurde ein Modellversuch vorbereitet, der sich von allen bisher erprobten Maßnahmen (vgl. Kap. 1.3) unterschied: Die Erprobung wurde auf Leistungen des Sozialhilfeträgers (Eingliederungshilfe im Bereich Wohnen) zugeschnitten und sah eine explizite Beteiligung der Personengruppe vor, deren Chancen und Fähigkeiten auf Nutzung eines Persönlichen Budgets in der Fachdiskussion häufig in Frage stand: Es ging ausdrücklich um im stationären Kontext lebende Menschen mit geistiger Behinderung und umfänglichen Unterstützungsbedarfen.

Die Erprobung im stationären Setting schien aus verschiedenen Gründen sinnvoll und notwendig:

- Bisherige Modellversuche zum Persönlichen Budget in Deutschland bezogen sich ausschließlich auf Lebenssituationen im Kontext ambulanter Eingliederungshilfen bzw. auf Menschen mit Behinderung, die relativ selbstständig in einer eigenen Wohnung leben (vgl. Kap. 1.3). Durch die Konzentration auf Bewohnerinnen und Bewohner stationärer Wohneinrichtungen sollten Bedingungen dafür identifiziert werden, wie auch Menschen mit geistiger Behinderung und hohen Unterstützungsbedarfen eine größtmögliche Kontrolle über Hilfeleistungen und über ihren Alltag gewinnen können. Damit sollte zugleich ein Kernbereich der traditionellen Formen stationärer Behindertenhilfe in Berührung mit der neuen Unterstützungssteuerung durch die Budgetnehmerinnen und -nehmer kommen.

- Durch eine Modularisierung von stationären Leistungen und ihre Öffnung für alternative Dienstleister sollte die notwendige Strukturveränderung und Flexibilisierung des Unterstützungssystems bzw. die Aufweichung der starren Grenzen zwischen stationären und ambulanten Leistungen vorangebracht werden.
- Aus Leistungsträgersicht wurden bei insgesamt steigendem Bedarf an stationären Plätzen, der sich aus demografischen Entwicklungen ergibt, Chancen gesehen, mit dem Persönlichen Budget einen effektiveren Mitteleinsatz zu erreichen (vgl. Wacker 2008a).

Als hinderlich für eine stationäre Modellerprobung erwiesen sich das Heimgesetz bzw. die rechtlichen Bedingungen der stationären Eingliederungshilfe. Hier galt es, entsprechende Experimentierräume zu schaffen bzw. durch Kooperationsverträge mit dem Leistungsträger sowie über Zusatzverträge mit den Bewohnerinnen und Bewohnern abzusichern (vgl. Kap. 2.3.1; Nußbicker 2007a, 18). Zum anderen lag für die Leistungsanbieter eine große Herausforderung darin, aus ihrem bisherigen Gesamt- bzw. Pauschalpaket Wohnen einzelne wählbare Leistungsmodule herauszukristallisieren und zu kalkulieren. Zudem galt es, mit der voraussichtlich geringeren Planbarkeit des Ressourcenzuflusses und der Arbeitsorganisation umzugehen – trotz fortbestehender Verantwortung für die Versorgungsaufgaben (vgl. Kap. 2.3).

Mit der Einführung des Persönlichen Budgets im stationären Wohnbereich wurden also Ziele auf struktureller, organisatorischer und personeller Ebene verbunden. Im Einzelnen ging es darum,

- die Eigenverantwortung und Selbstbestimmung der Bewohnerinnen und Bewohner zu fördern,

- Entscheidungsspielräume bei der Auswahl von Unterstützungsleistungen zu schaffen und zu erweitern (Optionen zu öffnen, wer welche Leistung zu welchem Zeitpunkt erbringen soll),
- Unterstützungsleistungen stärker zu individualisieren,
- Teilhabechancen und -aktivitäten zu erhöhen,
- persönliche, soziale und ökologische Ressourcen der Bewohnerinnen und Bewohner zu entdecken, zu stärken und ins Spiel zu bringen sowie
- die stationären Angebote mit ambulanten Leistungen sowie bürgerschaftlichen und privaten Hilfen zu verknüpfen.

2.2 Das Wohnheim am Stadtring in Bielefeld

Das am Modellversuch beteiligte Wohnheim am Stadtring ist eine Einrichtung des Stiftungsbereichs Behindertenhilfe der von Bodelschwinghschen Anstalten Bethel in Bielefeld. Bethel ist einer der größten Einrichtungsträger in der Region Westfalen-Lippe mit rund 1.270 stationären Wohnplätzen an verschiedenen Standorten in der Stadt Bielefeld, im Kreis Herford und im Kreis Gütersloh. Zudem hält der Träger wohnbezogene Angebote im ambulant betreuten Wohnen (für 265 Personen mit Behinderungen), im Bereich stationärer Behandlung und Betreuung in Fachkrankenhäusern, Familienunterstützende Dienste, Frühförderangebote, Arbeitsplätze in Werkstätten für behinderte Menschen und in Regiebetrieben, tagesstrukturierende Angebote, Betreuungsangebote für Seniorinnen und Senioren, diverse therapeutische Dienste sowie Freizeit- und Kulturangebote vor. Allein in Bielefeld betreibt Bethel ca. 40 Wohneinrichtungen für behinderte Kinder, Jugendliche und Erwachsene (vgl. Steuerungsgruppe Behindertenhilfe der Stadt Bielefeld o.J., 21ff.; Stiftungsbereich Behindertenhilfe Bethel 2004).

2.2.1 Einbindung in die regionale Struktur

Die Finanzierung dieser Angebote sowie ihre strukturelle Ausgestaltung erfolgt in Nordrhein-Westfalen derzeit unter besonderen Rahmenbedingungen: Bis Juli 2003 waren die beiden Landschaftsverbände Westfalen-Lippe (LWL) und Rheinland (LVR) als überörtliche Träger der Sozialhilfe zuständig für die (teil-)stationären Leistungen der Eingliederungshilfe, während die Zuständigkeit für ambulante Leistungen bei den örtlichen Sozialhilfeträgern lag. Per Landesverordnung vom 20.6.2003 (Verordnung zur Änderung der Ausführung des Bundessozialhilfegesetzes, AV-BSHG) wurde – zunächst im Rahmen eines bis Mitte 2010 befristeten Modellversuchs – auch die Zuständigkeit für ambulante Leistungen vom örtlichen Sozialhilfeträger auf die Landschaftsverbände übertragen.[2] Durch diese Zuständigkeitsbündelung („Hochzonung") sollen ambulante Angebote schneller als bisher flächendeckend ausgebaut und so die jeweiligen Bedarfe von Menschen mit Behinderung individueller und flexibler gedeckt werden können. Gleichzeitig hofft man, dass durch den Auf- und Ausbau ambulanter Angebote weitere stationäre Heimplätze nicht benötigt oder evtl. sogar bestehende Plätze abgebaut werden, um so den rasanten Kostenzuwachs im Bereich der Eingliederungshilfe zu dämpfen. Das Persönliche Budget wird von den Landschaftsverbänden in diesem Kontext als zielgleiches Steuerungsinstrument betrachtet.

Derzeit erhalten in Nordrhein-Westfalen von insgesamt ca. 60.600 Empfängerinnen und Empfängern wohnbezogener Hilfen im Bereich der Eingliederungshilfe 71 % stationäre und 29 % ambulante Leistungen (vgl. Forschungsgruppe IH-NRW 2006, 123). Dieses Verhältnis entspricht in etwa dem Bundesdurchschnitt (vgl. Consens 2007, 45). Dabei dominieren noch immer größere Einrichtungen mit überregionaler Orientierung die Angebote, obwohl seit Jahrzehnten kleinere Wohneinrichtungen (mit bis zu 24 Wohnheimplätzen in Wohngruppen mit nicht mehr als 8 Personen) im Trend liegen (vgl. Tabelle 2).

Tabelle 2: Größe der Wohneinrichtungen in Nordrhein-Westfalen (LVR & LWL 2001, 16)

Anzahl der Plätze	Anzahl der Einrichtungen
bis 9 Plätze	96
10 bis 49 Plätze	680
50 bis 99 Plätze	99
100 bis 499 Plätze	46
über 500 Plätze	5

---

2   Im Auftrag des Ministeriums für Gesundheit, Soziales, Frauen und Familie des Landes Nordrhein-Westfalen wurde von Juli 2003 bis April 2008 vom Zentrum für Planung und Evaluation Sozialer Dienste der Universität Siegen eine wissenschaftliche Begleitforschung durchgeführt mit dem Ziel, die Wirkungen dieser Zuständigkeitsverlagerung zu evaluieren (vgl. Forschungsgruppe IH-NRW 2008).

Die Mehrheit, nämlich 72 % der insgesamt 43.000 Bewohnerinnen und Bewohnern stationärer Wohneinrichtungen, sind Menschen mit geistiger Behinderung. Für diesen Personenkreis bietet sich die Chance auf ambulante Betreuung bei einem Verhältnis von 11 % (ambulant) zu 89 % (stationär) in Gesamt-Nordrhein-Westfalen quantitativ bislang nur in Ausnahmefällen (vgl. Forschungsgruppe IH-NRW 2006, 128).

In der Stadt Bielefeld findet sich ein im Landesvergleich überproportional hoher Anteil ambulanter Wohnmöglichkeiten. Bezogen auf alle Zielgruppen halten sich die Anteile stationärer und ambulanter Angebote in etwa die Waage, für Menschen mit geistiger Behinderung stehen zwei Drittel stationärer Hilfen einem Drittel ambulanter Hilfen gegenüber (vgl. Tabelle 3).

Tabelle 3: Verhältnis von ambulanten zu stationären wohnbezogenen Hilfen (Angaben in %) zum Stichtag 31.12.2005 (vgl. Forschungsgruppe IH-NRW 2006, 128).

	Menschen mit geistiger Behinderung		Alle Zielgruppen	
	ambulant	stationär	ambulant	stationär
Stadt Bielefeld	27	73	48	52
LWL	14	86	31	69
NRW	11	89	29	71

Insgesamt hat sich in Bielefeld und Umgebung ein relativ heterogenes Angebot an Unterstützungsleistungen für Menschen mit Behinderung entwickelt. So gibt es verschiedene stationäre Wohnangebote unterschiedlicher Träger (vBA Bethel, Evangelische Heime Ummeln, Lebenshilfe Wohnstätten gGmbH, Margarete-Wehling-Stiftung), die sich vielfach um Differenzierung und Dezentralisierung ihres Wohnrepertoires bemühen. So lassen sich neben kleineren gemeindenahen Wohn- bzw. Außenwohngruppen auch dezentrale stationäre Einzel- und Paarwohnungen beobachten. Zudem gibt es diverse ambulante Hilfen wie Familienunterstützende Dienste, ambulante Betreuungsdienste, mobile Hilfen, Pflegedienste usw. Zudem finden sich in der Stadt vielfältige Beratungsangebote von Vereinen und Selbsthilfegruppen. Damit sind in der Region Bielefeld einige gemeindenahe ambulante Binnenstrukturen verfügbar, die einen besonders förderlichen Kontext zur Realisierung Persönlicher Budgets erwarten lassen.

Trotz der Vielfalt der Angebote ist die regionale Versorgungsstruktur jedoch auch in Bielefeld insgesamt vor allem stationär geprägt. Der im Landesvergleich größten Dichte ambulanter Betreuung steht auch die größte Dichte stationärer Wohnplätze gegenüber. Also bildet ein unterstütztes Wohnen in der eigenen Wohnung für Menschen mit Behinderung auch hier die Ausnahme. Erforderliche Leistungen in allen Lebensbereichen können ohne wesentliche Änderung der Angebotsstruktur vor allem für Menschen mit hohem Bedarf derzeit ohne stationäre Maßnahmen kaum erbracht werden. Deswegen hat sich die Stadt vorgenommen, weitere Angebote und Offene Hilfen auf breiter Basis zu entwickeln (vgl. Stadt Bielefeld 1997, 32). Das Persönliche Budget kann hier perspektivisch eines der Instrumente zur gewünschten Strukturveränderung darstellen.

2.2.2 Konzeption des Wohnheims und Bewohnerschaft

Das Wohnheim am Stadtring ist eine Neugründung. Es wurde im Jahre 2000 errichtet und liegt mitten in einem Bielefelder Ortsteil, sodass es direkt an die städtische Infrastruktur und den öffentlichen Nahverkehr angebunden ist. Die stationäre Einrichtung bietet 24 Wohnplätze, davon zehn Einzelappartements, ein Doppelappartement (jeweils mit Einbauküche und Badezimmer) und zwölf Einzelzimmer, die in drei Wohngruppen mit bis zu sechs Personen eingeteilt sind. Konzeptionell ist das Wohnheim darauf ausgerichtet, erwachsene und zumeist jüngere Menschen mit geistiger und/oder körperlicher Behinderung zu unterstützen. Sie sollen dabei ihre Lebensperspektiven weiterentwickeln und zunehmend individuelle Verantwortung in der Wohn- und Lebenssituation übernehmen (vgl. Stiftungsbereich Behindertenhilfe Bethel 2004; Steuerungsgruppe Behindertenhilfe der Stadt Bielefeld o.J., 53). Diesem Personenkreis wurde angeboten, am Modellversuch zum Persönlichen Budget unter stationären Wohnbedingungen teilzunehmen.

Von den 24 Bewohnerinnen und Bewohnern des Wohnheims entschieden sich zunächst 17 Personen, im weiteren Projektverlauf dann zwischen 17 und 20 Personen, für die Modellerprobung.[3] Die Teilnahme am Modellversuch war freiwillig und die Rückkehr zur vorherigen Hilfe- und Finanzierungsform (Sachleistung) stets zeitnah möglich.

---

3   Die Zusammensetzung des Teilnehmerkreises variierte im Projektverlauf leicht, u.a. bedingt durch Ein- und Auszüge.

Die Altersspanne der Teilnehmerinnen und Teilnehmer (zu Beginn der Modellerprobung) reichte von 21 bis 73 Jahren (Mittelwert: 33 Jahre) (vgl. Tabelle 4):

Tabelle 4: Altersstruktur der Teilnehmerinnen und Teilnehmer am Modellversuch

	Altersklasse in Jahren									
	21 -25	26 -30	31 -35	36 -40	41 -45	46 -50	51 -55	56 -60	61 -65	66 -70	über 70
Anzahl der TN	5	7	1	–	2	1	–	–	1	–	1

Für zehn Personen stellt das Wohnheim die erste Wohnform nach ihrem Auszug aus der elterlichen Wohnung dar; die Gesamtdauer stationärer Betreuung variierte bei den Teilnehmerinnen und Teilnehmern jedoch sehr stark zwischen 3 und 70 Jahren (Mittelwert: 13 Jahre; Median: 4 Jahre). Alle Beteiligten – mit Ausnahme des über 70-jährigen „Seniors" – arbeiten in Werkstätten für behinderte Menschen der Region.

Mit Blick auf die Leistungsvereinbarungen zwischen Leistungsträger und Leistungserbringer nach §§ 75ff. SGB XII lässt sich der teilnehmende Personenkreis wie folgt beschreiben: Eine Person wird der Hilfebedarfsgruppe 2, zehn Personen der Hilfebedarfsgruppe 3 und sechs Personen der Hilfebedarfsgruppe 4 zugeordnet. Nach der in Nordrhein-Westfalen geltenden Leistungsmatrix, die insgesamt drei Hilfebedarfsgruppen und 32 Leistungstypen differenziert, ergibt sich folgende Verteilung nach Leistungstypen und Hilfebedarfsgruppen (vgl. Tabelle 5).

Gemäß Landesrahmenvertrag zu den Leistungs-, Vergütungs- und Prüfungsvereinbarungen bezeichnet

- der Leistungstyp 9 „Wohnangebote für Erwachsene mit geistiger Behinderung",
- der Leistungstyp 10 „Wohnangebote für Erwachsene mit geistiger Behinderung und hohem sozialen Integrationsbedarf" und
- der Leistungstyp 12 „Wohnangebote für Erwachsene mit komplexen Mehrfachbehinderungen".

2.2 Das Wohnheim am Stadtring in Bielefeld

Tabelle 5: Anzahl der Teilnehmerinnen und Teilnehmer pro Leistungstyp (LT) und Hilfebedarfsgruppe (HBG)[4]

	HBG 1	HBG 2	HBG 3	Gesamt
LT 9	1	9	–	10
LT 10	3	–	–	3
LT 12	2	3	–	5
Gesamt	6	12	–	18

Die Hälfte der Teilnehmerinnen und Teilnehmer ist klassifiziert als LT 9 in der HBG 2. Die fünf Bewohnerinnen und Bewohner, deren Unterstützung nach LT 12 finanziert wird, sind ausnahmslos auf Rollstühle angewiesen.

Im Rahmen bundesweiter Neugestaltungen im stationären Betreuungsbereich änderten sich (unabhängig vom Modellversuch) die Planungs- und Bemessungsgrundlagen der Hilfen zum 1.9.2003 von einer Pauschalfinanzierung der Leistungen (vgl. Abbildung 8) hin zu differenzierten Entgelten nach Leistungstyp und Hilfebedarfsgruppe (vgl. Abbildung 9) (vgl. Metzler 2001). Für das teilnehmende Wohnheim ging somit die Umstellung auf differenzierte Entgelte gleichzeitig mit der Einführung eines Persönlichen Budgets einher.

Abbildung 8: Verteilung pauschaler Entgelte im Wohnheim am Stadtring bis Ende August 2003

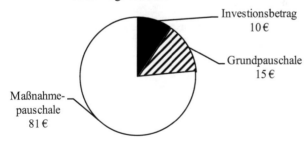

Die Überführung der Finanzierung erfolgte budgetneutral, d.h. die Gesamtsumme für die Einrichtung veränderte sich mit der Umstellung zunächst nicht. Zu-

---

4 Im Laufe des Modellversuchs änderte sich für zwei Personen die Zuordnung zu den Hilfebedarfsgruppen im Zuge neuer Bedarfsfeststellungen: von LT 10/ HBG 1 zu LT 10/ HBG 2 bzw. von LT 12/ HBG 2 zu LT 12/ HBG 3.

dem hat sich der Landschaftsverband Westfalen-Lippe mit den vBA Bethel darauf verständigt, den Leistungstypen 10 und 12 dieselbe Vergütungshöhe zuzurechnen.

Abbildung 9: Differenzierte Entgelte nach Leistungstyp (LT) und Hilfebedarfsgruppe (HBG) im Wohnheim am Stadtring seit September 2003

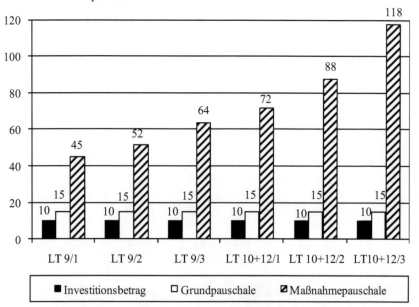

2.3 Ausgestaltung der Modellerprobung

Die konkrete Ausgestaltung des Modellversuchs ergab sich aus dem Konsens aller beteiligten Interessengruppen. Die Grundlage des Abstimmungsprozesses bildet ein konzeptionelles Rahmenmodell der Dortmunder Forschergruppe (vgl. Wacker, Wansing & Schäfers 2005, Kap. 4), das unter den Gesichtspunkten der Praktikabilität und eines schnellen Modellstarts zunächst grundgelegt und im Umsetzungsprozess abgewandelt wurde. Folgende Aspekte spielten dabei eine Rolle:

2.3 Ausgestaltung der Modellerprobung 49

- Es fehlten in Deutschland generell praktische Erfahrungen mit der Umsetzung Persönlicher Budgets, insbesondere in stationären Einrichtungen (vgl. Kap. 1).
- Die finanzielle Ausstattung sollte aus Sicht des Leistungsträgers (Landschaftsverband Westfalen-Lippe) die nach § 75ff. SGB XII vereinbarten Leistungen nicht überschreiten.
- Der Wohnheimträger wünschte soweit Planungs- und Finanzierungssicherheit, dass aus seiner Sicht das Wohnheim betriebsfähig blieb und eine bestimmte Versorgungsqualität gewährleistet werden konnte.
- Für die Bewohnerinnen und Bewohner sollte eine sichere und überschaubare Basis geboten werden, auf der sie die neue Form der Leistungsorganisation erproben und die erforderlichen Entscheidungs- und Steuerungskompetenzen nach und nach entwickeln konnten. Daher sollten Erprobungsrisiken möglichst wenig zu ihren Lasten gehen.

Nach knapp zwei Jahren der praktischen Umsetzung des Budgetmodells im Wohnheim (August 2003 bis Juni 2005) wurden die Erfahrungen von allen beteiligten Kooperationspartnern kritisch beleuchtet. Dies mündete in eine Weiterentwicklung der Rahmenbedingungen, die seit Sommer 2005 im Fortlauf des Projekts umgesetzt wurde (Neustart, vgl. Abbildung 16). Aus diesem Grund wird bei der Darstellung der Modellgestaltung in diesem Kapitel sowie der Erfahrungen und Bewertungen in Kapitel 1 zwischen Modellphase 1 (Zeitraum August 2003 bis Juni 2005) und Modellphase 2 (Zeitraum Oktober 2005 bis September 2006) unterschieden.

Die zweite Modellphase sollte vor allem allen Beteiligten klarere und verbindlichere Voraussetzungen zur Modellbeteiligung gewährleisten. Aber auch institutionelle Aspekte – insbesondere von Ressourcenplanung und -einsatz – wurden stärker berücksichtigt, um die Praktikabilität des Modells für den Regelbetrieb von Einrichtungen zu prüfen. Konzeptionelle Veränderungen ergaben sich insbesondere durch

- eine erfahrungsbasierte Anpassung der Budgethöhen (vgl. Kap. 2.3.2),
- eine systematische Unterstützungs- bzw. Budgetplanung (vgl. Kap. 2.3.3) und
- gezielten Kompetenzaufbau und Beratung der Budgetnehmerinnen und Budgetnehmer (vgl. Kap. 2.3.4).

2.3.1 Allgemeiner Leistungsrahmen

Eine Besonderheit des Projektes PerLe liegt im Vergleich zu anderen Modellversuchen (vgl. Kap. 1.3) darin, dass die neue Leistungsgestaltung nicht an der Beziehung zwischen Leistungsträgern (Sozialhilfeträgern) und Leistungsberechtigten ansetzt, sondern eine bereits bestehende Dienstleistungsbeziehung zwischen dem Anbieter und den Nutzerinnen und Nutzern einer Wohneinrichtung durch das Persönliche Budget neu ausgestaltet. Dabei führt der beteiligte Leistungsträger (Landschaftsverband Westfalen-Lippe) nicht das in der Budgetverordnung vorgesehene (individuelle) Bedarfsfeststellungs- und Budgetbemessungsverfahren bis zu den Zielvereinbarungen mit den potenziellen Budgetnehmerinnen und -nehmern durch. Vielmehr setzt er die mit dem Wohnheimträger nach § 75ff. SGB XII getroffenen Vereinbarungen als allgemeinen rechtlichen und finanziellen Leistungsrahmen voraus und delegiert somit alle Ausgestaltungsaufgaben an den Wohnheimträger.

Dieser bietet den zukünftigen Budgetnehmerinnen und Budgetnehmern einen Teil der Leistungen (im Maßnahmebereich) weiter als Sachleistungen, die er selbst steuert. Diese garantierte Versorgungsbasis bezieht sich vor allem auf die tägliche Grundversorgung (z.B. Pflege und Gesundheitsförderung). Ein anderer Teil der Leistungen hingegen wird flexibilisiert und in Form eines Persönlichen Budgets (also auf der Basis von Geldleistungen) erbracht. Dies kann konkret umgesetzt werden,

- indem (einzelne selbst gewählte) Mitglieder des Wohnheimpersonals gewünschte Leistungen erbringen, die von einem zugemessenen Budget „abgezogen" werden,
- indem externe Dienstleister und öffentliche Infrastruktur zum Einsatz kommen und aus der Budgetsumme finanziert werden und
- indem man private Unterstützerinnen und Unterstützer entlohnt.

Auf diese Weise wird die Komplexleistung Wohnen in einzelne Leistungsmodule differenziert, die jeweils dem Sach- oder Geldleistungsbereich zugeordnet sind (vgl. Tabelle 6). Zudem können (wie bereits vor dem Modellversuch) Geldmittel für Verpflegung und Kleidung in Anspruch genommen werden.

Diese Differenzierung ist nicht starr festgelegt, sondern dient als grober Orientierungsrahmen, insbesondere auch zur einrichtungsinternen Kalkulation des Budgets (vgl. Kap. 2.3.2).

2.3 Ausgestaltung der Modellerprobung

Tabelle 6: Sachleistungen und Geldleistungen

Sachleistung im Wohnheim (Basisleistungen)	Geldleistung (Persönliches Budget)
Überlassung und Nutzung von Wohnraum	Aufrechterhaltung und Förderung sozialer Kontakte
Individuelle Basisversorgung	Teilnahme an Bildungsangeboten
Gesundheitsförderung	Teilnahme an kulturellen Angeboten
Unterstützung bei der Haushaltsführung	Mobilität
Förderung lebenspraktischer und sozialer Kompetenzen	Freizeit/ Erholung
Tagesstrukturierung im Wohnbereich	Psychosoziale Unterstützung
	Geld für Sachkosten
	Verpflegungsgeld
	Kleidungsgeld

Abbildung 10: Projektvereinbarung zwischen Leistungsträger und Wohnheimträger

Projektvereinbarung zwischen Leistungsträger (LWL) und Wohnheimträger

In der Praxisphase des Projektes (...) werden den Menschen mit Behinderungen, die stationäre Hilfe im Wohnheim am Stadtring erhalten, vom Stiftungsbereich Behindertenhilfe Teile des Entgelts als Persönliches Budget zur Verfügung gestellt. Mit diesem Budget können sie sich definierte Bestandteile der Eingliederungshilfeleistungen auch bei anderen Anbietern erwerben.

Die Bestandteile der Eingliederungshilfe, die auch extern erworben werden können, werden zwischen dem Träger der Einrichtung und dem Menschen mit Behinderung bzw. seinem gesetzlichen Vertreter individuell festgelegt und mit einem Betrag versehen. Insoweit wird die Leistung gemäß der Leistungsvereinbarung und Leistungstypik im Einvernehmen mit dem Landschaftsverband Westfalen-Lippe eingeschränkt. Für die durch andere Anbieter erbrachten Leistungen übernimmt der Stiftungsbereich Behindertenhilfe keine Verantwortung.

Für den flexibilisierten (Geld-)Leistungsbereich wurde als Rechtsbasis zwischen dem Landschaftsverband Westfalen-Lippe (LWL) und dem Wohnheimträger eine gesonderte Vereinbarung getroffen (vgl. Abbildung 10).

Das Leistungsverhältnis zwischen dem Wohnheimträger und den Budgetnehmerinnen und Budgetnehmern regelt jeweils eine projektbezogene Zusatzvereinbarung zum Heimvertrag (vgl. Abbildung 11).

Abbildung 11: Änderungsprotokoll zum Heimvertrag

Änderungsprotokoll zum Heimvertrag
Vereinbarung zur Nutzung des Persönlichen Budgets im Wohnheim am Stadtring

Frau/Herr _____ nimmt im Rahmen des Modellprojektes PerLe die Möglichkeit wahr, über ein Persönliches Budget zu verfügen. Dieses Budget wird aus Teilen des Entgeltes für die stationäre Eingliederungshilfe gebildet. Es soll genutzt werden für Maßnahmen zur Teilhabe am Leben in der Gemeinschaft.

Nach dem zugrunde gelegten Berechnungsschlüssel beträgt das Persönliche Budget für Frau/Herrn _____
   am Tag ___ Stunden oder ___ € / in der Woche ___ Stunden oder ___ €/
   im Monat___ Stunden oder ___ €

Frau/Herr _____ möchte das Budget hauptsächlich für folgende Bereiche einsetzen:
_____

Werden mit Budgetmitteln Leistungen externer Anbieter erworben, reduzieren sich die Leistungen durch das Wohnheim am Stadtring entsprechend. Insofern verändern sich auch die unter § 3, Abs. 2, 3 und 4 des Heimvertrages getroffenen Aussagen.

Diese Vereinbarung gilt vom _____ bis _____

Bielefeld, den
_____
Teamleiter   Budgetnehmer/in   Unterschrift gesetzlicher Betreuer

---

2.3.2 Budgetbemessung

Im dargestellten Leistungsrahmen und differenziert nach Sach- und Geldleistungen (vgl. Kap. 2.3.1) berechnen sich die Persönlichen Budgets im Modellversuch

2.3 Ausgestaltung der Modellerprobung

aus einem Anteil der vereinbarten Entgelte bzw. Maßnahmepauschalen je nach Leistungstyp und Hilfebedarfsgruppe der Budgetnehmerinnen und Budgetnehmer. Dabei basierte die Bemessung in der ersten Modellphase auf Näherungswerten nach folgendem Berechnungsschlüssel:

- 35 % der Maßnahmepauschale verbleiben grundsätzlich für die Finanzierung allgemeiner (institutionen- bzw. gruppenbezogener) Aufgaben (sog. Overheadkosten) beim Wohnheimträger.
- Von der Maßnahmepauschale fließen für personenbezogene (Unterstützungs-)Leistungen je nach Hilfebedarfsgruppe (HBG)
  - 32,5 % (HBG 1) bzw. 55,25 % (HBG 2/3) in die definierten Basisleistungen (= Sachleistungen) und
  - 32,5 % (HBG 1) bzw. 22,75 % (HBG 2/3)[5] in das Persönliche Budget (vgl. Abbildung 12 und Abbildung 13).

Abbildung 12: Anteile der Maßnahmepauschale für ein Persönliches Budget für Hilfebedarfsgruppe (HBG) 1, Modellphase 1

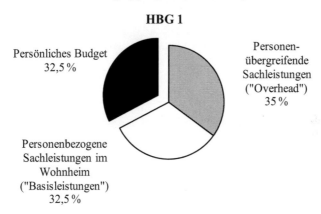

---

5   Der prozentual geringere Anteil in den Hilfebedarfsgruppen (HBG) 2/3 ergibt sich aus der Annahme, dass bei diesem Personenkreis mehr Leistungen im Bereich „Grundversorgung" (= Sachleistung) erforderlich sind.

Abbildung 13: Anteile der Maßnahmepauschale für ein Persönliches Budget für Hilfebedarfsgruppe (HBG) 2 und 3, Modellphase 1

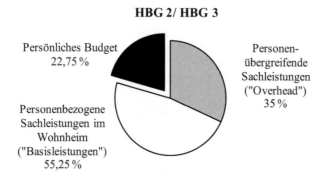

Nach diesem Bemessungsmodell ergaben sich je nach Leistungstyp und Hilfebedarfsgruppe für die erste Modellphase folgende monatlichen Budgethöhen (vgl. Tabelle 7)

Tabelle 7: Budgethöhen nach Leistungstyp/Hilfebedarfsgruppe in Modellphase 1

Leistungstyp/ Hilfebedarfsgruppe	Budgethöhe
LT 9/1	462 €
LT 9/2	367 €
LT 9/3	456 €
LT 10 und 12/1	734 €
LT 10 und 12/2	622 €
LT 10 und 12/3	839 €

Diese zunächst rein rechnerisch konstruierten Budgethöhen wurden im weiteren Projektverlauf auf der Grundlage von Erfahrungswerten modifiziert. Folgende Entwicklungen spielten hierbei eine Rolle:

2.3 Ausgestaltung der Modellerprobung

- Die tatsächliche Inanspruchnahme der Geldleistungen lag in der ersten Phase insgesamt deutlich unter dem zunächst definierten verfügbaren Budgetrahmen (Ausgaben in Höhe von durchschnittlich 23 % pro Budgetnehmer/in und Monat; vgl. Kap. 4.4). Diese Summe wurde für die zweite Phase als Untergrenze für die anzupassenden Budgets gesetzt.
- Der zeitliche Einsatz des Wohnheimpersonals wurde in der ersten Phase nicht analog zum zugerechneten Budgetumfang eingeschränkt. Dies hatte zur Folge, dass das Persönliche Budget von den Bewohnerinnen und Bewohnern (und auch ihren Angehörigen) zum Teil als zusätzliches Angebot bei fortbestehender Vollversorgung aufgefasst und in Anspruch genommen wurde. Dies ergab zulasten der Wohneinrichtung zusätzlich erbrachte bzw. vorgehaltene Unterstützung, die in der zweiten Modellphase angepasst wurde durch reduzierte Personalressourcen im Umfang einer Vollzeitstelle. Diese aus einrichtungsbezogenen (organisatorischen/wirtschaftlichen) Gründen letztlich pragmatisch bestimmte Ressourcendimension ergibt sich aus dem Grundsatz, die Wohneinrichtung betriebsfähig zu halten. Dieses Limit definierte in der zweiten Modellphase den Spielraum im flexibilisierten (= budgetfinanzierten) Leistungsbereich als Obergrenze des neuen Gesamtbudgetbetrags.

Das (neue) Gesamtbudget der zweiten Modellphase führte zu deutlich nach unten angepassten Budgethöhen (etwa ein Viertel des vorherigen Gesamtbudgetrahmens) (vgl. Tabelle 8):

Tabelle 8: Budgethöhen nach Leistungstyp/Hilfebedarfsgruppe in Modellphase 2

Leistungstyp/ Hilfebedarfsgruppe	Modellphase 1	Modellphase 2
LT 9/1	462 €	116 €
LT 9/2	367 €	91 €
LT 9/3	456 €	113 €
LT 10 und 12/1	734 €	181 €
LT 10 und 12/2	622 €	155 €
LT 10 und 12/3	839 €	209 €

2.3.3 Budgetplanung und -verwaltung

Um über ein Persönliches Budget Leistungen zu gestalten, bedarf es in hohem Maße einer personenbezogenen Planung von Hilfen und der Festlegung von individuellen Zielen. Die Budgetverordnung sieht hierfür das Instrument der Zielvereinbarung zwischen Leistungsträger und Budgetnehmerin bzw. Budgetnehmer vor (vgl. Kap. 1.2). Im Rahmen der Dienstleistungsbeziehung im Wohnheim tritt an die Stelle dieser Zielvereinbarung eine Absprache zwischen der Wohneinrichtung bzw. dem Fachpersonal und den Bewohnerinnen und Bewohnern über individuelle Ziele und entsprechend erforderliche bzw. gewünschte Unterstützungsleistungen, die über das Persönliche Budget organisiert werden sollen (individuelle Hilfe-/Budgetplanung).

Abbildung 14: Beispiel für eine Budgetplanung im Rahmen individueller Hilfeplanung

---

Vereinbarung zur Budgetverwendung

Herr X nimmt vom 1. Oktober 2005 bis zum 30. September 2006 am Modellversuch teil. Aus dem Leistungstyp 12 und der Hilfebedarfsgruppe 3 ergibt sich ein Budget von monatlich 209 €.

Herr X möchte damit folgende Aktivitäten bezahlen:

1. Organisation und Reisebegleitung zu Auswärtsspielen des DSC Arminia Bielefeld und Stadionbegleitung, ggf. Zu-Bett-Bringen (bei Rückkehr außerhalb der Dienstzeiten) – Herr Y (externer Begleiter).
2. Begleitung der Treffen des Rolli-Fan-Clubs – Herr Y (externer Begleiter)
3. Teilnahme an einem wöchentlichen Schwimmangebot (mittwochs/begleitetes Gruppenangebot) – Mitarbeiter/innen des Wohnheims
4. Budgetberatung und -assistenz – Bezugsmitarbeiter
5. Wöchentliche Beratung in Form von Einzelgesprächen – Bezugsmitarbeiter

Die Leistungen sollen erbracht werden von: s.o.

Unterschrift Budgetnehmer/ gesetzl. Betreuer

In der ersten Phase der Modellerprobung war aus pragmatischen Gründen der Mitteleinsatz zunächst nicht an entsprechende systematische Hilfeplanverabredungen gebunden, sondern erfolgte weitgehend frei. Verfügbare Personalressourcen und individuelle Unterstützungserfordernisse und -wünsche konnten auf diese Weise jedoch nicht optimal abgestimmt werden. Vielen Budgetnehmerinnen und Budgetnehmern blieben zudem die Zusammenhänge zwischen eigenem Unterstützungsbedarf und der Leistungsrealisierung über Sach- bzw. Geldleistungen ebenso unklar wie die Dimensionen der verfügbaren und bereits eingesetzten Budgetsummen. Im Sinne höherer Transparenz, aber auch des gezielteren wirksamen und wirtschaftlichen Mitteleinsatzes bei der Teilhabegestaltung wurde im weiteren Projektverlauf daher die Budgetverwendung an eine systematische Unterstützungsplanung geknüpft, der verbindliche Vereinbarungen mit den Budgetnehmerinnen und Budgetnehmern folgten. Ein Beispiel für eine entsprechende Zielvereinbarung gibt Abbildung 14.

Abbildung 15: Monatsabrechnung für in Anspruch genommene Leistungen im Rahmen des Persönlichen Budgets

Name	Meier	**Monat:**	Mai	**Vormonat**	Gesamt
Vorname	Dieter	**Stunden**	7,25	1,5	8,75
LT/HBG	10/1	**Beträge in €**	181,2	37,5	218,7
Betreuungsstunden (geplante Maßnahmen sind grau hinterlegt)					
Datum	Std.-Zahl	Betrag	Inhalt der Betreuung	Anbieter	
02.05.2005		52,15 €	Konzertbesuch	GfS	
21.05.2005		13,80 €			
22.05.2005	1,00		begl. Einkauf	BZMA	
23.05.2005	1,00				
24.05.2005	1,00				
24.05.2005	1,00				
26.05.2005	2,00				
Summe	6,00	65,95 €			
Rest in Std.	0,11				
Rest in €		2,75 €	Datum	Unterschrift Kunde	

Die Verwaltung des Persönlichen Budgets erfolgt durch die Mitarbeiterinnen und Mitarbeiter über ein „virtuelles" Wohnheimkonto. Auf eigenen Wunsch verwaltet bislang kein Budgetnehmer die Gelder selbst („*es haben sich alle entschie-*

den, dass sie kein Bargeld wollen"; MA 09 Int[06], 42) – vermutlich, weil die Alltagsveränderungen auch ohne den ungewohnten Umgang mit Geld und Geldwert beträchtlich sind, aber wohl auch, weil viele der Nutzerinnen und Nutzer der Persönlichen Budgets angeben, grundsätzlich Schwierigkeiten im Umgang mit Geld bzw. mit dem Geldwertverständnis zu haben. Nur gelegentlich werden Teilbeträge an einzelne Budgetnehmerinnen und Budgetnehmer bzw. an deren Angehörige in ihrer Funktion als gesetzliche Betreuerinnen oder Betreuer ausgezahlt. Um dennoch die Partizipation an der Budgetverwaltung zu gewährleisten bzw. den Mitteleinsatz für alle Berechtigten möglichst nachvollziehbar zu machen, wurden in der zweiten Modellphase individuelle Kontoblätter eingeführt, die einen Überblick über geplante, bereits durchgeführte und noch planbare Aktivitäten bieten (vgl. Abbildung 15) Auch das Ansparen von Beträgen für kostenintensivere Aktivitäten wird auf diese Weise transparent. Zudem wurden persönliche Ordner mit allen budgetbezogenen Dokumenten angelegt.

2.3.4 Bildung und Beratung

Der neue Leistungsbereich „Persönliches Budget" wäre, ohne viel Mühe auf Information und Kommunikation zu legen, seinem Anspruch nicht gerecht geworden, die Wunsch- und Wahlrechte der Menschen mit geistiger Behinderung zu respektieren und darauf zu reagieren. Bereits im Vorfeld der Modellerprobung gab es vielfältige Informations- und Beratungsangebote für die Bewohnerinnen und Bewohner, damit sie sich freiwillig für oder gegen die Teilnahme am Modellversuch entscheiden konnten.[6]

In einem ersten Schritt wurden den Bewohnerinnen und Bewohnern (im Beisein des Wohnheimpersonals und der Heimaufsicht) das Persönliche Budget und das geplante Projekt in einer gemeinsamen *Informationsveranstaltung* der Dortmunder Wissenschaftlerinnen und Wissenschaftler und des Wohnheimträgers vorgestellt.

Hier kam zunächst die bisherige Sachleistungs- und Finanzierungspraxis des Wohnheims an einfachen Beispielen zur Sprache, um dann die Veränderungen durch ein Persönliches Budget zu veranschaulichen und die Kernpunkte des Budgetgedankens herauszustellen. Dabei wurden die Freiwilligkeit der Teilnah-

---

6   Weitere Informationsbemühungen bezogen sich auf den Austausch mit potenziellen Budgetnehmerinnen und Budgetnehmern, ihren Angehörigen und gesetzlichen Betreuern, mit Mitarbeiterinnen und Mitarbeitern des Wohnheims und mit möglichen externen Anbietern ambulanter und stationärer Leistungen in Bielefeld.

me sowie die Möglichkeit, jederzeit zur Sachleistung zurückzukehren, besonders hervorgehoben. Die ersten Reaktionen der Bewohnerinnen und Bewohner auf diese Informationsbasis reichten von Verunsicherung und grundsätzlicher Ablehnung bis zu positiver Bewertung und Interesse, am Modellversuch teilzunehmen.

Im Anschluss an die Veranstaltung erhielten alle Bewohnerinnen und Bewohner des Wohnheims am Stadtring eine Broschüre über das *Persönliche Budget in einfacher Sprache*.[7] Auf dieser Grundlage konnten sich Interessierte unterstützt vom Wohngruppenpersonal oder anderen Vertrauenspersonen weiter mit dem Thema auseinandersetzen und sich für oder gegen ihre Teilnahme an der Modellerprobung entscheiden.

Zudem entwickelten die Universitätsmitarbeiterinnen und -mitarbeiter einen *Fortbildungsfilm*[8] mit dem Titel „Welche Unterstützung wünsche ich mir?" und zeigten ihn den Budgetnehmerinnen und Budgetnehmern des Wohnheims. Der Film erläutert anhand zweier Fallbeispiele, welche fünf Elemente (Handlungsschritte und Entscheidungen) beim Einkauf von Unterstützungsleistungen erforderlich sind (Wunsch, Information, Entscheidung, Rechte und Pflichten, Bewertung) (vgl. Wacker, Wansing & Schäfers 2005, 82f.; Schäfers 2008a).

Seit Beginn der Modellerprobung steht zusätzlich das Café 3b in Bielefeld für die *kostenlose Information und Beratung* zum Persönlichen Budget zur Verfügung. Das Café 3b ist ein Angebot in Kooperation der v. Bodelschwinghschen Anstalten Bethel und der Integrativen Beratungs- und Begegnungsstätte für Behinderte e.V. (IBBB). Es richtet sich an Menschen mit Behinderungen, Angehörige, Mitarbeiterinnen und Mitarbeiter der Behindertenhilfe, Selbsthilfegruppen, andere Kontaktpersonen und interessierte Bürgerinnen und Bürger. Inhaltliche Schwerpunkte der Beratung sind u.a. psychosoziale Beratung, Beratung in sozialrechtlichen Fragen, Wohnen, Pflege sowie Informationen über andere Unterstützungsangebote und Freizeitmöglichkeiten. Die Budgetnehmerinnen und -nehmer im Wohnheim am Stadtring können die Beratungsstelle direkt anrufen oder während der Öffnungszeiten aufsuchen. Zudem besteht das Angebot des Café 3b, individuelle Beratung nach Absprache auch im Wohnheim durchzuführen.

Erste Erfahrungen in der konkreten Modellerprobung zeigten, dass das Persönliche Budget für den gewählten Adressatenkreis (Menschen mit Lernschwierigkeiten in stationären Unterstützungsformen) schwer vorstell- und nachvoll-

---

7 Download unter: http://www.fk-reha.uni-dortmund.de/Soziologie/PerLe/
8 Der Film kann als DVD erworben werden. Weitere Informationen: http://www.fk-reha.uni-dortmund.de/Soziologie/PerLe2

ziehbar ist. Daher erschien die Budgeterprobung in Kombination mit einem spezifischen, teils umfänglichen Bildungsangebot notwendig und sinnvoll. Rein punktuelle Information und Beratung bzw. allein die Vermittlung praktischer Handlungsschritte beim Umgang mit dem Persönlichen Budget stehen mit dem Anspruch eines prinzipiellen Umgangs auf gleicher Augenhöhe und den bestehenden Unterstützungsbedarfen nicht in Einklang. Vielmehr gilt es, Kompetenzen zu entwickeln, um eigene Ansprüche beschreiben, eigene Ziele und Vorstellungen formulieren und Entscheidungen treffen zu können. Diese Steuerungsfähigkeit wächst in einer Alltagserfahrung, die die Bewohnerinnen und Bewohner nicht mitbringen konnten. Daher entwickelte und erprobte „Bildung und Beratung Bethel" ein eigenes *Fortbildungscurriculum* für die Budgetnehmerinnen und Budgetnehmer im Wohnheim und andere Interessierte (vgl. Roos-Pfeifer 2007; Schäfers 2008a). Dieses spezielle Kompetenzentwicklungsprogramm soll folgende grundlegende Kenntnisse und Fertigkeiten im Umgang mit dem Persönlichen Budget vermitteln:

- Verfahrenskompetenz (Budgetverantwortung und -verwaltung, Rechte und Pflichten, Entscheidungen)
- Feldkompetenz (Beratung, Dienstleister, andere Nutzerinnen und Nutzer)
- Artikulationskompetenz (Hilfebedarf, Verhandlungsführung)
- Assistenz (individuelle Möglichkeiten und Grenzen, Budgetassistenz)
- Entscheidungshilfen für bzw. gegen das Persönliche Budget

Bislang gab es zwei Seminardurchläufe: Oktober bis Dezember 2004 und Februar bis April 2005. Dabei wurden im Rahmen eines Einführungstages, in drei zweitägigen Seminarblöcken sowie bei individuellen Beratungsangeboten zwischen den Seminarblöcken, folgende Themen behandelt:

1. Abschnitt: Grundlagen und Anlass des Persönlichen Budgets (Eingangsevaluation, Sozialleistungsträger, Entgelt, Eingliederungshilfe)
2. Abschnitt: Teilhabe am Leben der Gesellschaft, budgetfähige Bereiche und feststehende Maßnahmen der Einrichtung, erste Ideen/Wünsche für das eigene Budget
3. Abschnitt: Angebote der Budgetberatung (Café 3b), Bielefelder Dienstleister stellen sich vor, Verhandeln mit Geschick
4. Abschnitt: Angebote der Einrichtung, Budgetplanung und -verwaltung, „mein Budget", Budgetkompetenz/Assistenzbedarf

3 Konzeption und methodisches Vorgehen der Begleitforschung

3.1 Fragestellung und Untersuchungsansatz

Die Technische Universität Dortmund begleitet die Modellerprobung seit Beginn unter folgenden zentralen Fragestellungen:
- Welche Faktoren sind förderlich bzw. hinderlich bei der Umsetzung eines Persönlichen Budgets im stationären Setting? Welche Erfordernisse bringt die neue Leistungsform im Wohnheim im Hinblick auf planerische und organisatorische Aspekte mit sich (z.b. für Finanz- und Personalpolitik)?
- Unter welchen Rahmenbedingungen und mit welcher Unterstützung können Menschen mit geistiger Behinderung Leistungen selbstbestimmt organisieren?
- Wie entwickelt sich die Lebensführung der Bewohnerinnen und Bewohner unter Budgetbedingungen im stationären Wohnbereich? Welche Selbstbestimmungs- und Teilhabechancen eröffnen oder verschließen sich ihnen?

Dabei wurden im Interesse einer multiperspektivischen Herangehensweise verschiedene Akteure und Kontextfaktoren der Modellerprobung durch die Begleitforschung in den Blick genommen:

- die Lebenssituation der Budgetnehmerinnen und Budgetnehmer,
- die Wohnheimstrukturen,
- die Arbeitssituation der Mitarbeiterinnen und Mitarbeiter,
- die regionale Angebotsstruktur sowie
- die Anforderungen und Aufgaben der Budgetassistenz.

Die skizzierten Fragestellungen wurden mit Methoden der qualitativen Evaluationsforschung (vgl. Flick 2006) bearbeitet. Dabei wurde der Ansatz formativer Evaluation, um den Prozess der Umsetzung des Persönlichen Budgets und seiner Modifikation zu beleuchten, mit dem Ansatz summativer Evaluation verknüpft, um Wirkungen der neuen Leistungsgestaltung zu bewerten.

Mit der Modellerprobung betrat man in weiten Teilen politisches, rechtliches und umsetzungspraktisches Neuland – nicht nur bezogen auf die Besonderheiten des stationären Settings, sondern auch weil die Ausgestaltung des Persönlichen Budgets insgesamt in Entwicklung war. Deswegen übernahm die wissenschaftliche Begleitforschung insbesondere in der Anfangsphase des Projekts eine beratende und strukturierende Rolle (*formative Evaluation*). In der Tradition der Handlungs- bzw. Aktionsforschung (vgl. Bortz & Döring 1995, 317ff.) ging es um die Optimierung des Modellprogramms bereits während seiner Umsetzung. Der Projektverlauf wurde kontinuierlich beobachtet und dokumentiert sowie im regelmäßigen Austausch mit den verantwortlichen Hauptakteuren (Leistungs- und Einrichtungsträger, Mitarbeiterschaft des Wohnheims usw.) reflektiert.[9] Kritische Punkte der Umsetzung konnten so frühzeitig erkannt und notwendige Veränderungen und Anpassungen eingeleitet werden, um nachhaltigen Fehlsteuerungen entgegenzuwirken. Diese prozessbegleitenden Analysen und Bewertungen führten nach etwa zwei Jahren der Modellerprobung zu einigen grundlegenden Änderungen der Budgetgestaltung (vgl. Kap. 2.3), die in einen konzeptionellen Neustart im Oktober 2005 mündeten. Im Folgenden (vgl. Kap. 4) werden daher die Erfahrungen dargestellt und bewertet nach

- Modellphase 1 (Zeitraum August 2003 bis Juni 2005) und
- Modellphase 2 (Zeitraum Oktober 2005 bis September 2006)
(vgl. Abbildung 16).

Die abschließende systematische und zusammenfassende Analyse und Bewertung der Gestaltung des Persönlichen Budgets im Wohnheim und seiner Effekte (*summative Evaluation*) stützen sich im Kern auf qualitative, leitfadengestützte Interviews (vgl. Kap. 4 und 5), in denen Budgetnehmerinnen und Budgetnehmer, aber ebenso Mitarbeiterinnen und Mitarbeiter des Wohnheims zu Wort kommen (vgl. Kap. 3.2). Diese qualitativen Informationen werden durch verschiedene prozessproduzierte Materialien bzw. Dokumente, insbesondere Ausgabenübersichten, ergänzt.

Auf diese Weise ergibt sich eine längsschnittliche Betrachtung über einen Zeitraum von insgesamt drei Jahren.

---

9 Für eine erste gemeinsame Zwischenauswertung vgl. LWL, vBA Bethel & Uni Dortmund 2006.

3.1 Fragestellung und Untersuchungsansatz

Abbildung 16: Übersicht über den Verlauf der Modellerprobung und der Begleitforschung

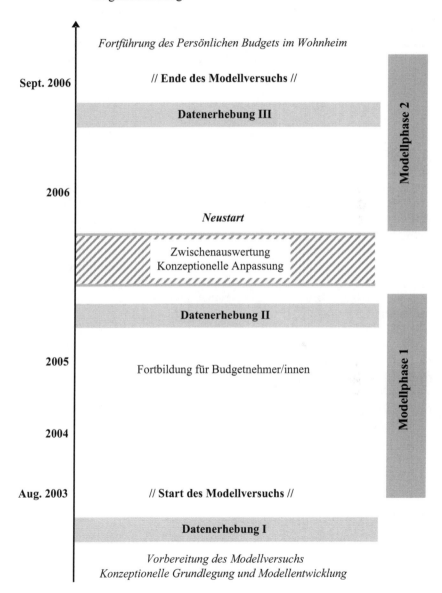

Auf der Basis von drei Messzeitpunkten des Projektes (vgl. Kap. 3.2) liegen nun Erkenntnisse vor, die anders als eine Momentaufnahme sowohl interindividuelle, die gesamte Gruppe der Budgetnehmerinnen und Budgetnehmer bzw. der Mitarbeiterinnen und Mitarbeiter betreffende Veränderungen und Personenvergleiche erfassen (vgl. Kap. 4), als auch intraindividuelle Entwicklungen einzelner Budgetnehmerinnen und Budgetnehmer (vgl. Fallanalysen in Kap. 5) über den gesamten Zeitraum dokumentieren.

3.2 Datenerhebung und -auswertung

Die Analysen zu Wirkungen und Bewertungen des Persönlichen Budgets basieren im Wesentlichen auf leitfadengestützten Interviews mit den Budgetnehmerinnen und Budgetnehmern sowie dem Wohnheimpersonal. Das methodische Vorgehen folgt dabei den Grundpositionen qualitativer Forschung, nämlich subjektives Akteurwissen, individuelle Wahrnehmungen, Sinnkonstruktionen und Verarbeitungsweisen zu erfassen (vgl. Bortz & Döring 1995, 282ff.). Durch einen Leitfaden werden relative Offenheit gegenüber den Konstruktionen der Befragten und gleichzeitige Gesprächsstrukturierung und -fokussierung möglich (vgl. Mayring 2000).

Die Interviews mit den Bewohnerinnen und Bewohnern umfassen Fragestellungen

- der Unterstützungsbedarfe und Kompetenzen,
- der Alltagsgestaltung,
- der Teilhabemöglichkeiten und -aktivitäten,
- des Lebensstils und der Lebensziele sowie
- Motive, Erfahrungen im Umgang mit dem Persönlichen Budget und Beurteilungen.

Ergänzt werden diese Informationen durch Interviews mit den Bezugsmitarbeiterinnen und -mitarbeitern des Wohnheims zu

- der praktischen Umsetzung des Persönlichen Budgets im Wohnheim,
- der Gestaltung der Rahmenbedingungen sowie zu
- deren Einschätzungen der Auswirkungen des Persönlichen Budgets auf das Leben der jeweiligen Bewohnerinnen und Bewohner,
- auf den stationären Arbeitsalltag und
- auf die Arbeitssituation des Personals.

3.2 Datenerhebung und -auswertung

Wie erwähnt (Kap. 3.1) wurden die Interviews zu drei verschiedenen Zeitpunkten durchgeführt (vgl. Tabelle 9):

- vor Beginn der Modellerprobung (Ist-Stand) (= Interview 2003),
- nach etwa zwei Jahren der Umsetzung (Modellphase 1) (= Interview 2005),
- nach etwa drei Jahren der Umsetzung (Modellphase 2) (= Interview 2006).

Tabelle 9: Übersicht über die Phasen der Datenerhebung

Phase	Datenerhebung	Interviewpartner	Abk.	Inhalte
Phase I Sommer 2003, vor Beginn der Modellerprobung („Ist-Stand")	Assessment 2003	Bewohner/-innen	BN Ass^{03}	Assessment: Unterstützungsbedarfe und Kompetenzen der Bewohner/innen
		Mitarbeiter/-innen	MA Ass^{03}	
	Interview 2003	Bewohner/-innen	BN Int^{03}	Alltagsgestaltung, Teilhabeaktivitäten, Lebenszufriedenheit, Motive/Erwartungen bezüglich des Persönlichen Budgets
		Mitarbeiter/-innen	MA Int^{03}	Teilhabeaktivitäten der Bewohner/innen, Erwartungen bezüglich des Persönlichen Budgets
Phase II Sommer 2005, ca. 2 Jahre nach Modellstart (Modellphase 1)	Interview 2005	Bewohner/-innen	BN Int^{05}	Kompetenzen, Erfahrungen mit und Bewertungen des Persönlichen Budgets
Phase III Sommer 2006, ca. 3 Jahre nach Modellstart (Modellphase 2)	Interview 2006	Bewohner/-innen	BN Int^{06}	Kompetenzen, Erfahrungen und Bewertungen
		Mitarbeiter/-innen	MA Int^{06}	Kompetenzen, Unterstützungsleistungen, Erfahrungen und Bewertungen (bezogen auf Bewohner/innen und auf eigene Arbeitssituation)

Tabelle 10 gibt eine Übersicht über die Anzahl der jeweils geführten Interviews sowie die Dauer dieser Befragungen. Allerdings sind nicht alle beteiligten Bewohnerinnen und Bewohner der ersten Befragungswelle identisch mit den Personen der zweiten bzw. dritten Befragungswelle, weil während der Projektlaufzeit Personen ein- und ausgezogen sind sowie in Einzelfällen auch Bewohnerinnen und Bewohner nicht an Interviews teilnehmen wollten.

Tabelle 10: Übersicht über die geführten Interviews

Datenerhebung	Interviewpartner	Abk.	Anzahl (weiblich, männlich)	Interviewdauer im Durchschnitt (Min-Max)
Interview 2003	Bewohner/innen	BN Int^{03}	20 (8 w, 12 m)	54 Minuten (36-115 Minuten)
	Mitarbeiter/innen	MA Int^{03}	20 (16 w, 4 m)	48 Minuten (30-150 Minuten)
Interview 2005	Bewohner/innen	BN Int^{05}	19 (7 w, 12 m)	36 Min. (20-65 Min.)
Interview 2006	Bewohner/innen	BN Int^{06}	14 (4 w, 10 m)	25 Minuten (10-55 Minuten)
	Mitarbeiter/innen	MA Int^{06}	12 (9 w, 3 m)	65 Minuten (25-90 Minuten)

Im Allgemeinen erfordern qualitative Interviews bei den befragten Personen relativ hohe kognitive und kommunikative Fähigkeiten, da sie Ansichten und Meinungen frei äußern müssen. In diesem Zusammenhang kann es gerade Menschen mit geistiger Behinderung in stationären Betreuungszusammenhängen überfordern, auf diese Weise Auskunft zu geben (vgl. Schäfers 2008b, 145ff.). Obwohl die Interviews so differenziert wie nötig (Leitfaden) und so einfach wie möglich (ohne schwierige Ausdrücke, mit einfachem Satzbau usw.) gestaltet wurden, konnten nicht alle Bewohner-Interviews forschungsrelevante Informationen liefern. So beantworteten zwei Bewohnerinnen den Großteil der Fragen nicht oder nicht sinngemäß, sodass diese Interviews nicht in die Auswertung eingingen. Gleichwohl ist durch den längsschnittlichen und multiperspektivischen Zuschnitt insgesamt umfangreiches Datenmaterial aggregiert und die Befragung auf eine breite Basis gestellt worden.

Die Interviews wurden in den Wohnräumen der Befragten von drei Mitgliedern des Dortmunder Forschungsteams durchgeführt. Bei drei Bewohner-Interviews waren die Mütter der befragten Personen anwesend, in einem Fall ein

3.2 Datenerhebung und -auswertung 67

Wohnheimmitarbeiter, der aufgrund der schwer verständlichen Artikulation des Befragten „Dolmetscherdienste" übernahm. Zwar wurde darauf geachtet, dass dritte Personen nur dann stellvertretend antworteten, wenn die Befragten augenfällig mit den Fragen Schwierigkeiten hatten, dennoch kann nicht völlig ausgeschlossen werden, dass hierbei der Interviewverlauf und das Antwortverhalten der Befragten beeinflusst wurde.

Die Interviews wurden auf Tonband aufgenommen, transkribiert und inhaltsanalytisch ausgewertet (vgl. Mayring 2000). Zur qualitativen Inhaltsanalyse kam die Software MAXQDA 2001 zum Einsatz. Dafür wurde das der strukturierenden Analyse zugrunde gelegt Kategoriensystem sowohl deduktiv (vom Leitfaden abgeleitet) als auch induktiv (aus dem Textmaterial heraus) entwickelt (vgl. dazu ausführlich Schlebrowski 2009). Die Kategorienbildung, Kodierung und Ergebnisinterpretation wurden jeweils durch zwei Personen vorgenommen und validiert.

Tabelle 11: Übersicht über das Datenmaterial für die Einzelfallanalysen

Daten-erhebung	Interview-partner/in	Abk.	Einzelfallanalysen[10]		
			Frau Zossen (BN 10)	Frau Bickenkamp (BN 22)	Herr Behrens (BN 12)
Assessment 2003	Bewohner/in	BN Ass^{03}	X	X	X
	Mitarbeiter/in	MA Ass^{03}	X	X	X
Interview 2003	Bewohner/in	BN Int^{03}	X	X	X
	Mitarbeiter/in	MA Int^{03}	–	X	X
Interview 2005	Bewohner/in	BN Int^{05}	X	X	X
Interview 2006	Bewohner/in	BN Int^{06}	X	X	–
	Mitarbeiter/in	MA Int^{06}	X	X	X
Ausgabenübersichten 2003-2006			X	X	X

Zur vertiefenden Einzelfallanalyse (vgl. Kap. 5) wurden drei Fälle ausgewählt, welche die Heterogenität und Varianz im Untersuchungsfeld möglichst gut abbilden (vgl. Kelle & Kluge 1999, 45). Sie unterscheiden sich im jeweiligen Ak-

---

10 Die Namen wurden geändert.

teurwissen, den Kompetenzniveaus, in Art und Ausmaß der Budgetinanspruchnahme sowie bei Funktionen des Persönlichen Budgets in der spezifischen Lebenssituation. Tabelle 11 gibt eine Übersicht über das umfangreiche, auf einen Zeitraum von drei Jahren bezogene Datenmaterial für die drei Einzelfallstudien.

Zur besseren Lesbarkeit werden in den folgenden Kapiteln (4 und 5) Interviewpassagen nach einer einheitlichen Systematik wiedergegeben. Angaben der Quelle des Datenmaterials und des Zeitpunkts der Datenerhebung sind wie folgt systematisiert:

- BN 17 Int^{03}: Dieses Kürzel kennzeichnet das Interview 2003 („Int^{03}") mit dem Budgetnehmer mit der Identifikationsnummer 17 („BN 17").
- MA 04 Int^{06}: Dieses Kürzel kennzeichnet das Interview 2006 („Int^{06}") mit dem Mitarbeiter mit der Identifikationsnummer 04 („MA 04").
- BN 23 Ass^{03}: Dieses Kürzel kennzeichnet das Assessmentgespräch 2003 („Ass^{03}") mit dem Budgetnehmer mit der Identifikationsnummer 23 („BN 23").

4 Erfahrungen und Bewertungen

Die zentralen Auswertungsergebnisse der Modellerprobung zum Persönlichen Budget im stationären Setting werden präsentiert und interpretiert nach folgenden Inhaltsbereichen:

- Erwartungen an das Persönliche Budget (vgl. Kap. 4.1),
- Budgetbezogene Kenntnisse und Kompetenzen (vgl. Kap. 4.2),
- Budgetberatung und -unterstützung, Bildungsauftrag (vgl. Kap. 4.3),
- Budgetverwendung (vgl. Kap. 4.4),
- Wirkungen im Leben der Budgetnehmerinnen und Budgetnehmer (vgl. Kap. 4.5),
- Wirkungen auf die Arbeitssituation des Wohnheimpersonals (vgl. Kap. 4.6).

Dabei werden Befragungsergebnisse mit den Resultaten der quantitativen und qualitativen Analyse zum Mitteleinsatz (Budgetverwendung) verbunden.
Eine stärker einzelfallbezogene und längsschnittliche Auswertung folgt in Kapitel 5.

4.1 Erwartungen an das Persönliche Budget

Nachdem sich die Bewohnerinnen und Bewohner Mitte des Jahres 2003 entschieden hatten, ob sie am Modellversuch teilnehmen wollen, wurden die zukünftigen Budgetnutzerinnen und -nutzer unmittelbar vor Beginn des Modellversuchs nach ihren diesbezüglichen Erwartungen und Befürchtungen befragt. Viele konnten zu diesem Zeitpunkt nicht erklären, warum sie teilnehmen wollten und was sie vom Persönlichen Budget erwarteten. Vermutlich hatten sie die gesamte Grundidee dieser Geldleistung oder Elemente davon noch nicht verstanden oder sie erschien ihnen noch zu abstrakt, um sich dazu zu äußern. Einige Bewohnerinnen und Bewohner verbanden – wie man ihrer Rückmeldung entnehmen kann – mit dem Persönlichen Budget zunächst vor allem Ideen, bestimmte Waren

kaufen zu können bzw. etwas Besonderes für sich anzuschaffen (z.B. *„Klamotten", „Schreibtisch", „CDs"*).
Andere hofften, über das Persönliche Budget auf mehr Freizeitaktivitäten, z.B. Kino-, Konzertbesuche, Schwimmen, Stadtbummel, Essen gehen. Zwei Bewohnerinnen wünschten allerdings bereits, das Persönliche Budget für externe Leistungsanbieter einzusetzen[11]:

> BN: *Also, zum größten Teil wollen wir das benutzen, um abends mehr rauszukommen. [...] Weil ich auch nicht vorhab', hier so viele Leute von hier dafür zu nehmen. Also, ich wollt's dann wenn richtig ausprobieren, weil sonst hat das ganze Projekt keinen Sinn, finde ich.* (BN 19 Int^{03}, 17, 34 – 18, 9)

> BN: *[...] Dass ich vielleicht, wenn ich dann noch mal einen anderen Dienst beauftragen kann oder jemand anderes noch, dass man dann noch ein paar Möglichkeiten hat, mehr noch was zu machen.* (BN 01 Int^{03}, 33, 16-18)

Viele geäußerte Sorgen und Unsicherheiten bezogen sich auf fehlende Informationen, sowohl zum Persönlichen Budget im Allgemeinen als auch zur konkreten Ausgestaltung (z.B. Informationen über andere Dienste, Angebote und Preise).

Sowohl das Betreuungspersonal als auch Bewohnerinnen und Bewohner selbst sahen u.a. generelle Schwierigkeiten und Unsicherheiten beim Umgang mit Geld:

> BN: *Also, was mir noch ein bisschen Sorgen bereitet ist ... die Einteilung. ... Ich wüsste jetzt gar nicht, wie ich's einteilen soll.* (BN 17 Int^{05}, 37, 21-22)

> MA: *Ja, er kann mit Geld, da hat er überhaupt gar keine Ahnung, also da müsste ihn man auf jeden Fall reichlich unterstützen.* (MA 17 Int^{03}, 6, 10-11)

Zudem war das Fachpersonal bei einigen Bewohnerinnen und Bewohnern skeptisch, ob sie Geldmittel zweckmäßig einsetzen und Absprachen und Termine verlässlich einhalten würden:

---

11 „I" = Interviewer; „BN" = Budgetnehmer/in; „MA" = Mitarbeiter/in; „..." = kurze Pause; „....." = lange Pause (über zwei Sekunden); „(...) = unverständlich; „(Text)" = nicht genau verständlich, vermuteter Wortlaut; „#Text#" = gleichzeitiges Sprechen zweier Redner. Die Zahlen hinter „BN" oder „MA" dienen der Anonymisierung und stellen Identifikationsnummern für die einzelnen Budgetnehmer/innen und Mitarbeiter/innen dar; die hochgestellten Ziffern zeigen den Befragungszeitpunkt an („Int^{03}" für Interview 2003; „Int^{05}" für Interview 2005; „Int^{06}" für Interview 2006).

MA: *Weil wenn er* [der Budgetnehmer] *sich bei uns an Verabredungen nicht hält, ja dann machen wir halt neue. Und das kostet ihn dann kein Geld. Wenn er über PerLe Sachen verreißt, dann ist die Kohle weg.* (MA 23 Int[03], 6, 26-27)

Mitarbeiterinnen und Mitarbeiter sorgten sich aber auch wegen der tendenziellen Passivität einiger Budgetnehmerinnen und -nehmer. Das Persönliche Budget und damit verbundene Ziele, mehr Selbstbestimmung und Eigenverantwortlichkeit zu erreichen, würden aus ihrer Sicht an Grenzen stoßen wegen der Schwierigkeiten im Nutzerkreis, Dinge von selbst „ans Laufen" zu bringen. Gleichzeitig biete sich aber für einzelne Bewohnerinnen und Bewohner gerade die Chance, eigene Interessen zu entdecken und zu entwickeln, *„wirklich mal herausfinden, was würde er denn anleiern, was tut er denn gerne"* (MA 17 Int[03], 6, 7-8). Mit dem Persönlichen Budget ließen sich Wahlmöglichkeiten erweitern, Leistungen stärker individualisieren und darüber mehr soziale Kontakte außerhalb des unmittelbaren Wohnbereiches ermöglichen:

MA: *Was ich sehr schön daran fände, Herr* [Name des Budgetnehmers] *ist ein Individualist, ist eher ein Einzelgänger, und er hätte noch mal die Möglichkeit anders, sag' ich, anders an Sozialkontakte zu kommen, außer über die Sachen, die er schon länger macht.* (MA 23 Int[03], 6, 4-8)

4.2 Budgetbezogene Kenntnisse und Kompetenzen

4.2.1 Verständnis für die Grundidee des Persönlichen Budgets

Bereits zu Beginn der ersten Phase des Projektverlaufs wurde in den Interviews offenkundig, dass zumindest alle Budgetnehmerinnen und Budgetnehmer wussten, dass sie ein Persönliches Budget erhalten bzw. am Projekt PerLe teilnehmen. Nur eine Teilnehmerin war sich diesbezüglich nicht sicher.

Tatsächlich waren jedoch (vor allem zu Beginn der Modellerprobung) bei vielen Budgetnehmerinnen und Budgetnehmern trotz intensiver Informations- und Beratungsaktivitäten Grundkenntnisse zum Persönlichen Budget nur begrenzt vorhanden; den Budgetgedanken nachzuvollziehen und in den Alltag zu integrieren, fiel offensichtlich schwer. Bis auf zwei Personen, die keine Antwort auf die Frage „Was ist das Persönliche Budget?" geben konnten, brachten aber alle Befragten das Persönliche Budget mit Geld in Verbindung.

Die Hälfte von ihnen konnte allerdings den Zusammenhang zwischen eigenem Hilfebedarf und den Geldleistungen, d.h. die eigentliche Funktion des Budgets, nicht näher beschreiben bzw. ihnen fiel zum Teil die Abgrenzung von anderen Geldern (wie Taschengeld, Kleidungs- und Verpflegungsgeld, Werkstattlohn) schwer.

> BN: *Für mich, also für mich sag' ich einfach mal, äh, ist das Persönliche Budget, also sag' ich mal, also für mich ist es so wie so 'n Startkapital, dass ich mir sage, dass ich mir so 'n bisschen Geld auch an die Seite legen kann für Reisen, für also, ich sach mal ... für gute Klamotten, die ich gut finde.* (BN 17 Int^{05}, 14)

> BN: *Für mich ist das reine Freizeit (...), ist das ein reines Freizeitgeld.* (BN 10 Int^{06}, 8)

> BN: *Das Taschengeld, Taschengeld.*
> I: *Taschengeld ist das?*
> BN: *Ja.*
> I: *Und was ist das so genau? Was kann man damit machen? Wissen Sie das?*
> BN: *Hmm.* (BN 12 Int^{05}, 9-14)

> I: *Und von wem bekommen Sie das Persönliche Budget?*
> BN: *Verdien' ich selber.*
> I: *Verdienen Sie selber?*
> BN: *Ja.* (BN 21 Int^{05}, 211-214)

Die andere Hälfte der Budgetnehmerinnen und Budgetnehmer erklärte explizit oder sinngemäß, dass das Budget ein Geldbetrag sei, mit dem Unterstützung eingekauft werden kann.

> I: *Ja, erzählen Sie mir doch mal einfach, was ist denn das Persönliche Budget für Sie?*
> BN: *Äh, das ist hier, wie soll ich sagen, äh, wo der Staat das Geld zu den Leuten hinschickt. Einmal im Monat.*
> I: *Ja.*
> BN: *Und das wird den Mitarbeitern, wenn die mit einkaufen gehen, bezahlt.* (BN 23 Int^{05}, 7-12)

> BN: *Also, ich hab's so gelernt, da kriegen die, also wenn ich jetzt was mitmache, zum Beispiel ich mache hier so, äh, wie heißt das, ich mache hier so alle vierzehn Tage, alle vierzehn Tage, also ist verschieden, so vierzehn Tage oder so, mache ich ah ... mache ich jetzt neuerdings Schwimmen mit. Da gehen wir schwimmen mit, mit einem Mitarbeiter des Hauses hier. Und einer ist noch da, und dann gehen wir schwimmen. Und die kriegen das irgendwie, so wie ich verstanden habe, dann das Geld für so lang, wo wir die in An ..., wie heißt das, die wir brauchen da.* (BN 22 Int^{05}, 8)

Etwa die Hälfte der Budgetnehmerinnen und Budgetnehmer gaben an, ihre Informationen zum Persönlichen Budget zuerst über die Fortbildung erhalten zu haben (vgl. Kap. 2.3.4), obwohl diese erst etwa ein Jahr nach Projektstart stattgefunden hatte. Die andere Hälfte gab an, von Mitarbeiterinnen und Mitarbeitern bzw. durch die Leitung des Wohnheims informiert worden zu sein.

4.2.2 Umsetzungsrelevante Kompetenzen: Preise, Leistungen, Planung und Transfer

Zur Höhe ihres Persönlichen Budgets konnten die meisten Budgetnehmerinnen und Budgetnehmer keine Angabe machen, Antworten waren z.b. „reichlich" (BN 02 Int^{05}, 206) oder „keine Ahnung" (BN 17 Int^{05}, 98). Dies blieb auch nach drei Jahren Projektlaufzeit unverändert. Bislang verwaltet keiner von ihnen sein Budget selbst, sondern es wird im Wesentlichen über interne Konten und damit weitgehend bargeldlos durch die Mitarbeiterinnen und Mitarbeiter abgewickelt.

Nur drei Personen (Phase 1) bzw. eine Person (Phase 2) wussten in etwa, wie viel Geld ihnen monatlich zur Verfügung steht: „Ich weiß sehr (...), die höchste Stufe, aber das wird noch mal geändert" (BN 10 Int^{05}, 224); „Das sind irgendwas bei ... siebenhundert und noch was" (BN 04 Int^{05}, 201).

In der ersten Projektphase wussten die meisten Budgetnehmerinnen und Budgetnehmer nicht Bescheid über den aktuellen Stand ihres Budgets bzw. über das aktuelle Verhältnis von verfügbarem und ausgegebenem Geldbetrag: Lediglich fünf Personen gaben zu diesem Zeitpunkt an, dass sie sich regelmäßig über den Budgetstand informieren (könnten).

I: *Weißt du denn, wie viel am Ende des Monats noch übrig ist?*
BN: *... Ich.*
I: *Weißt du wie viel das ist?*
BN: *... In diesem Monat beginnt 'ne neue Tabelle.*
I: *Hm, und da kannst du dann mal gucken, wie das ist, was du ausgegeben hast?*
BN: *Ja.* (BN 11 Int^{05}, 241-248)

Die neu gestaltete Budgetverwaltung auf der Grundlage persönlicher, monatlicher Abrechnungsbögen (vgl. Kap. 2.3.3) machte Umfang und Einsatz der Geldsummen in der zweiten Projektphase für die Budgetnehmerinnen und Budgetnehmer transparenter und nachvollziehbarer. Nun konnten sie zumindest überblicken, welche Aktivitäten durchgeführt und welche geplant waren bzw. wie viel Geld bereits eingesetzt wurde und wie viel noch verfügbar war.

I: *Wie läuft das, haben Sie das Geld, das Persönliche Budget, oder wie/ wer hat das?*
BN: *Ähm, ne, das wird vom Haus verwaltet und die machen dann im/ oder ich krieg dann immer von der GfS* [Gesellschaft für Sozialarbeit, Anmerk. d. A.] *am Ende des Monats 'ne Abrechnung, gib' die hier im Haus ab und dann berechnen (die) das mit denen.*
I: *Ah ja, das heißt also, die Mitarbeiter hier im Haus verwalten das Budget?*
BN: *Ja.*
I: *Aber sind Sie darüber informiert, wie viel Sie noch auf diesem Konto haben?*
BN: *Richtig, ja.*
I: *Ja. Das heißt, müssen Sie da nachfragen oder haben Sie automatisch, bekommen Sie automatisch 'ne Übersicht oder so was?*
BN: *Ich bekomme automatisch 'ne Übersicht, wie viel ich denn noch habe pro Monat und ja.* (BN 04 Int[06], 53-60)

Auch wenn die Bewohnerinnen und Bewohner inzwischen über die Dokumentation mehr an der Budgetverwaltung beteiligt wurden, blieb das Persönliche Budget bzw. sein monetärer Charakter für die meisten eine unklare bzw. sehr abstrakte Größe. Vermutlich konnte deswegen kaum jemand einzelne Preise von Unterstützungsleistungen nennen: „*Nee, das weiß ich nicht*" (BN 09 Int[05], 274); „*Das ist eine gute Frage*" (BN 02 Int[05], 350); „*Hab ich noch nie gewusst*" (BN 23 Int[06], 17) sind typische Kommentare.

Lediglich drei Personen machten konkrete Preisangaben vor allem bezogen auf die Unterstützung durch Wohnheimpersonal bzw. dessen Stundensatz.

BN: *Und jedes Mal, und und jedes Mal werden (...) 25 Euro.*
I: *Genau, wir haben ja gar keine #D-Mark mehr#.*
BN: *#Pro, pro, pro, pro, pro Einsatz#*
I: *Pro Einsatz kostet's 25 Euro, pro Stunde?*
BN: *Pro ja, das wird pro, pro Stunde wird abgerechnet.*
I: *Ja und ähm, kostet das immer 25 Euro, da können Sie nicht verhandeln?*
BN: *Nee, nein.* (BN 10 Int[05], 134-140)

Ein Budgetnehmer wusste zwar keine konkreten Preise für seine Unterstützung, aber, dass eine private Person günstiger ist als ein sozialer Dienst und auch dass es billiger sei, wenn sich mehrere Budgetnehmerinnen und Budgetnehmer zusammentun, um eine gemeinsame Unterstützung zu bezahlen.

BN: *Der begleitet mich immer [...]. Der ist nicht so teuer, weißt du, als andere Anbieter.*
I: *Ah, ja, weißt du, was der kostet?*
BN: *Puh .. das .., ich hab das mit den Zahlen nicht so [...]*

4.2 Budgetbezogene Kenntnisse und Kompetenzen

I: *Wie ist das denn, ist es billiger, wenn du noch mit einer anderen Bewohnerin zusammen gehst? Weißt du das?*
BN: *Äh, äh, is, is mi, ne, ne, ist mir noch billiger [...]* (BN 11 Int^{06}, 21-23 und 77)

Etwa die Hälfte der Nutzerinnen und Nutzer konnte einzelne Schritte bei der Planung und Verwendung des Budgets benennen. Im Mittelpunkt stand dabei die Auswahl von Personal, z.B.: *„Ja, das müssen sie dann weiter überlegen, mit wem ich dahin gehe"* (BN 25 Int^{05}, 369-377). Ferner wurde die Terminabsprache als organisatorische Aufgabe genannt: *„Anrufen müsste man den erst [...], sagen, dass ich um die Zeit mit ihn essen gehen will, ob er Zeit hat"* (BN 09 Int^{05}, 261-270). Hingegen scheint der Aspekt, dass man Preise für die Unterstützung vereinbart, den meisten Personen weniger als Element der Budgetplanung bewusst zu sein.

Nur eine Person konnte die wesentlichen Schritte vollständig benennen.

BN: *Ja, erst mal gucken, wen kann ich wo engagieren. Wo kann ich mich informieren? Und ja, wenn ich irgendetwas habe, dass ich dann, dass ich dann erst mal anrufe und frage, wie das aussieht. Ob man da etwas machen kann und wenn ja, ähm, was würde 'ne Stunde, sag ich mal, kosten und dann halt mit demjenigen auch vereinbaren zum Kennenlernen.* (BN 04 Int^{05}, 96-97)

Die übrigen Budgetnehmerinnen und Budgetnehmer konnten nicht angeben, welche Schritte erforderlich sind, um Unterstützung über das Budget zu organisieren: *„Die sind mir noch nicht so richtig klar geworden"* (BN 17 Int^{05}, 250).

Der insgesamt geringe Kenntnisstand bei den meisten Nutzerinnen und Nutzern zum Persönlichen Budget bzw. zu Budgethöhen, Preisen für Dienstleistungen und den einzelnen Schritten des Mitteleinsatzes weist darauf hin, dass das Persönliche Budget für Menschen mit Lernschwierigkeiten mit einem eigenen, teils umfänglichen Bildungs- und Unterstützungsbedarf einhergeht. Dies meinten auch die Mitarbeiterinnen und Mitarbeiter im Interview 2006 (nach drei Jahren Projektlaufzeit).

MA: *Ja gut, das immer wieder genau einschätzen zu können, wie viel hab' ich zur Verfügung oder nur auch den Begriff Budget. Oder eben das auch zu verstehen auch wirklich, und ähm .., na ja und auch das, jemanden frei zu wählen. Ähm, das ist ja auch immer ein Prozess [...].* (MA 02 Int^{06}, 471)

MA: *[...] Ich denke nur, man wird es nicht in der reinen Form umsetzen können, wie es eigentlich gedacht ist. Und das heißt für mich, ich hab's immer so verstanden, dass es eigentlich so gedacht ist, dass Menschen das dann auch wirklich komplett in der Hand haben, Gelder in der Hand haben, das organisie-*

ren, verwalten, äh, das denk ich wird der eigentliche Gedanke sein, zumindest hab ich's mal so verstanden. Das mein ich mit reiner, mit reiner Form der Umsetzung.
I: *Ja, ja.*
MA: *Das denk ich, wird nicht möglich sein, also das kann ich mir nicht vorstellen, dass es so sein kann. Was wir hier machen, ist ja im Grunde genommen so eine abgespeckte Form. Nämlich mehr oder weniger bargeldlos. Weil, das hat sich zumindest in der Zeit hier gezeigt, dass da einfach viele mit überfordert sind, dass das ein Kapitel ist, das ihnen auch Angst macht, aber wo viele auch einfach mit überfordert sind. Das komplett selber in die Hand zu nehmen, sind auch viele mit überfordert.* (MA 03 Int[06], 713-725)

4.3 Budgetberatung und -unterstützung, Bildungsauftrag

Die notwendige Begleitung und Unterstützung im Zusammenhang mit der Budgetverwaltung, -planung und -inanspruchnahme wird von den Bewohnerinnen und Bewohnern in erster Linie beim Personal des Wohnheims (den Bezugsbetreuerinnen und -betreuern, der Wohnheimleitung u.a.) nachgefragt. Fast alle Budgetnehmerinnen und Budgetnehmer nannten diesen Personenkreis sowohl zu Projektbeginn als auch im weiteren Projektverlauf als zentrale Ansprechpartnerinnen und -partner für Fragen rund um das Persönliche Budget.

I: *Wen können Sie denn fragen, wenn Sie etwas zum Persönlichen Budget wissen wollen oder wenn Sie Hilfe brauchen?*
BN: *Die Mitarbeiter, die kriegen das ja auch erklärt.*
I: *Mh, die können ihnen also Fragen beantworten?*
BN: *Ja.*
I: *Und wen fragen Sie zum Beispiel, wenn Sie Hilfe bei der Verwaltung, also bei der Einteilung des Persönlichen Budgets brauchen?*
BN: *Können wir auch die fragen. Die helfen uns dann auch.*
I: *Mh, und wenn Sie jetzt zum Beispiel mit einem dieser Assistenten, ne, die Sie hier ja liegen haben, einen Vertrag abschließen möchten, wen können Sie dann fragen?*
BN: *Da würden die uns auch helfen, Mitarbeiter.*
I: *Die Mitarbeiter, okay. ... Gibt es denn noch andere Personen, die Sie fragen könnten, die Ihnen dabei helfen könnten?*
BN: *Nö, wüsst' ich nicht.* (BN 09 Int[05], 321-330)

Knapp die Hälfte der Budgetnehmerinnen und Budgetnehmer nannte darüber hinaus weitere Personen, wie Angehörige, Freunde und Mitbewohnerinnen und Mitbewohner, die sie ansprechen könnten. Ein Budgetnehmer kannte keinen

Gesprächspartner: *"Wenn ich Fragen hab', ... oh, Mann, das weiß ich jetzt nicht"* (BN 05 Int[05], 185-187).
Das Café 3b und sein Beratungsangebot zum Persönlichen Budget (vgl. Kap. 2.3.4) kam den meisten Budgetnehmerinnen und Budgetnehmern nicht in den Sinn; einige kannten das Angebot zwar, es spielte für sie aber im Kontext des Persönlichen Budgets keine oder nur eine untergeordnete Rolle.

I: *Kennen Sie das Café 3b?*
BN: *Äh, ja.*
I: *Wissen Sie, was das Café 3b macht?*
BN: *Sagen Sie es mir, ich kenn' mich da überhaupt nicht aus.*
I: *Ich frag' Sie.*
BN: *Also, ich weiß nur, dass das, dass einige Bewohner das schon erzählt haben.*
I: *Mh. Haben Sie mit jemandem vom Café 3b schon mal gesprochen?*
BN: *Ne, bis jetzt noch nicht.* (BN 17 Int[05], 209-216)

I: *Das Café 3b, was ist das Café 3b?*
BN: *Da ist der, der so genannte Ansprechpartner, Ansprechstelle.*
I: *Für das Persönliche Budget, ah ja. .. Und wobei helfen die einem?*
BN: *Ähm, bei/ da können Sie sich auch Informationen holen. Dass man mal, ich hab das aber noch nie gebraucht, weil ich es meistens selber organisiere. Aber wir haben offiziell das Café 3b.*
I: *Sie waren also noch nicht da?*
BN: *Nein.*
I: *Okay.*
BN: *Aber ich weiß, dass es das gibt.* (BN 10 Int[05], 321-340)

Sechs Budgetnehmerinnen und Budgetnehmer nannten das Café 3b explizit als mögliche Anlaufstelle zur Budgetberatung, vier von ihnen hatten es auch bereits in Anspruch genommen, waren allerdings unzufrieden bzw. sahen keinen Vorteil gegenüber der Beratung durch das Wohnheimpersonal.

I: *Sie haben vorher gesagt, dass Sie das Café 3b kennen. Wissen Sie, was die machen? Was das Café 3b macht?*
BN: *Die machen halt auch so Beratung für Behinderte.*
I: *Hmhm.*
BN: *Die waren ja auch bei uns, haben uns auch beraten, aber das war auch so, dass die gar keine richtige Ahnung hatten, was die da beraten, weil die auch nicht richtig informiert wurden.*
I: *Ja, das heißt also, Sie waren auch noch nicht im Café 3b, um da mit jemandem über das Persönliche Budget zu reden?*
BN: *Ne, das brauchte ich dann nicht, weil die sind ja zu uns gekommen.*

I: Ja, aber da haben Sie dann mal mit Café 3b ein Gespräch geführt, oder haben die sich da allgemein dafür alle vorgestellt?
BN: Ich hab' mit denen auch zweimal ein Gespräch geführt, aber das hat mich leider auch nicht weiter gebracht. (BN 01 Int^{05}, 233-240)

I: Gibt es noch andere Personen, die Sie fragen könnten? Der in Frage kommt, den es noch so gibt, der Hilfen anbietet?
BN: ... Also momentan eher nur die Betreuer hier im Haus.
I: Hmhm. Kennen Sie das Café 3b?
BN: Ja, das kenne ich.
I: Wissen Sie auch, was das Café 3b macht?
BN: Ja, die machen zum Beispiel (Freifahrten) einmal im Jahr. Oder bieten auch Gesprächstermine an, zu Themen, wo man noch mehr Infos haben möchte. Aber so, was PerLe betrifft, haben die da eigentlich auch nicht so die große Ahnung, habe ich festgestellt.
I: Haben Sie mit denen schon mal gesprochen?
BN: Ja.
I: Und da waren Sie nicht zufrieden mit?
BN: Richtig. Genau.
I: Und warum waren Sie da nicht zufrieden?
BN: ... Ja, weil das einfach, die hatten praktisch genau die Informationen, wie auch hier im Haus von den Betreuern her kamen. Und da war's eigentlich für mich gleich, ob ich jetzt zum Café 3b gehe und mich da informiere oder hier im Haus. (BN 04 Int^{05}, 232-244)

Auch die Mitarbeiterinnen und Mitarbeiter sahen sich in erster Linie selbst in der Rolle der Hauptkontakt- bzw. Vertrauenspersonen in allen Budgetfragen.

MA: Ähm, ja am Anfang gab's ja immer dieses Café 3b, was da ja auch informieren sollte und Budgetberatung machen sollte, das hat, ähm, nicht wirklich gut funktioniert. Im Prinzip sind es immer noch wir, die Ansprechpartner sind. Weil wir natürlich auch die ersten Kontaktpersonen sind von den einzelnen Bewohnern und, ähm, die Bewohner es auch eigentlich gar nicht so gerne nutzen wollten, sich extern zu informieren. (MA 01 Int^{06}, 530-535)

Planung, Beratung und Umsetzung des Modellversuchs zum Persönlichen Budget liegen also weitgehend im direkten Einflussbereich des stationären Wohnangebots. Lediglich bei zwei Nutzerinnen bzw. Nutzern erhielten deren Mütter, die gleichzeitig die gesetzliche Betreuung innehaben, einen Teilbetrag des Budgets (50 bzw. 120 Euro). Damit organisierten sie (unabhängig vom Wohnheimpersonal) eine externe Unterstützung. Gegenüber dem Wohnheim mussten sie dafür keinen Verwendungsnachweis erbringen.

4.3 Budgetberatung und -unterstützung, Bildungsauftrag 79

An die eigens entwickelte Fortbildung zum Persönlichen Budget[12] erinnerte sich die Mehrheit der Teilnehmerinnen und Teilnehmer. Nur zwei Personen gaben an, sie hätten den Kurs nicht bzw. kaum im Gedächtnis behalten, „*weil's auch wieder 'n bisschen äh, Zeit zurückliegt*" (BN 17 Int^{05}, 132-142). Die übrigen Budgetnehmerinnen und Budgetnehmer äußerten sich insgesamt sehr positiv zur Fortbildung, z.B.: „*Die Fortbildung an sich fand' ich sehr gut*" (BN 04 Int^{05}, 251). Auf die konkrete Frage, ob sie durch die Fortbildung das Persönliche Budget besser kennenlernen konnten, antworteten neun Personen positiv, wie: „*Doch äh, ist schon, ist schon 'ne Hilfe wert*" (BN 17 Int^{05}, 172). Acht Personen gaben zudem an, sie fühlten sich seit der Fortbildung sicherer im Umgang mit dem Persönlichen Budget, nur zwei sahen dies eher kritisch:

> I: *Fühlen Sie sich jetzt nach der Fortbildung sicherer mit dem Persönlichen Budget?*
> BN: *Ah, noch nicht so ganz, aber ich denke ... man muss da .. echt wirklich mal gucken .., wie der oder das hinkriegt. ... Da kann ich jetzt noch nicht so genau .. direkt Auskunft drüber geben, aber das is', .. man muss mir damit Zeit lassen. Und dass man dann guckt, .. wie kann ich es umsetzen oder wie kann ich es einsetzen.* (BN 17 Int^{05}, 173-174)

Etwa drei Viertel der befragten Budgetnehmerinnen und Budgetnehmer wiesen in der ersten Projektphase deutlich darauf hin, dass weiterer Lernbedarf bestehe und mehr Informationen nötig wären, vor allem bezogen auf die konkrete Ausgestaltung im (Wohnheim-)Alltag.

> BN: *Momentan muss ich sagen, ähm, bin ich noch nicht so zufrieden, also ich hätt's mir von Anfang an besser vorgestellt. Weil es fehlten, oder es fehlen immer noch teilweise Informationen, und ähm ... bisher weiß immer noch keiner so richtig, ja wie, (pfff), wie kann man's noch einsetzen und so.*
> I: *Worüber fehlen Ihnen die Informationen?*
> BN: *... Ähm. .. Ja, einfache Informationen, wie man's noch besser gestalten kann zum Beispiel. ... Das ist so, sag' ich mal, grundlos, dass es nicht richtig läuft.*
> (BN 04 Int^{05}, 20-22)

> BN: *Und ehrlich gesagt, äh ... dazu was zu sagen, wär/. wäre für mich noch mal ..., es noch mal klar zu kriegen... für mich. Geht's jetzt auch nur darum, noch mal zu wissen, wie kann ich das Persönliche Budget, wenn ich jetzt zum Beispiel 'n Ausflug mache, würd' das denn wenigstens noch vom Persönlichen*

---

12 Ein Evaluationsbericht zur Fortbildung liegt vor (vgl. Schäfers & Wansing 2005; auch Roos-Pfeiffer 2007; Schäfers 2008a).

Budget bezahlt oder wird das dann hinterher mit den, mit den andern dann abgerechnet? (BN 17 Int[05], 252)

Bei der zweiten Befragung fühlten sich jedoch die meisten Budgetnehmerinnen und Budgetnehmer ausreichend über das Persönliche Budget informiert und sahen derzeit keinen weiteren Informationsbedarf. Eine Person wünschte sich Informationen zum Fortgang des Modellversuchs bzw. des Persönlichen Budgets im Wohnheim: *„Es reicht mir schon so, aber wenn das fortgesetzt wird, wissen, wissen wir aber nicht, ob wir demnächst mehr oder weniger Geld kriegen"* (BN 11 Int[06], 183). Eine andere Person wollte mehr dazu wissen, wie sie das Geld einteilen kann.

4.4 Budgetverwendung

4.4.1 Entwicklung der Budgetausgaben insgesamt und individuell

Die in Anspruch genommene monatliche Gesamtbudgetsumme (d.h. insgesamt von allen Budgetnehmerinnen und Budgetnehmern eingesetzte Gelder) schwankte im dreijährigen Erprobungszeitraum erheblich. Das Minimum lag dabei bei 817 Euro pro Monat (im Juni 2004) und das Maximum bei 5.428 Euro pro Monat (im Februar 2005).

Abbildung 17: Entwicklung der Budgetausgaben (Gesamt aller Budgetnehmerinnen und Budgetnehmer; Zeitraum August 2003 bis September 2006)

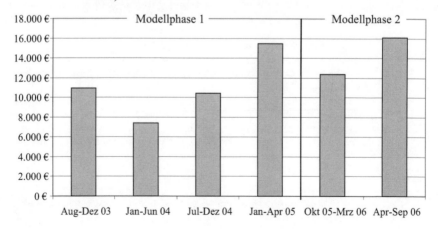

4.4 Budgetverwendung

Auffallend ist, dass die Budgets zu Beginn der Modellerprobung zunächst sehr zögerlich in Anspruch genommen wurden. Diese anfängliche Zurückhaltung dürfte auch damit zusammenhängen, dass sich zunächst alle Beteiligten mit der ungewohnten neuen Leistungsform zurechtfinden mussten. Die Budgetnehmerinnen und Budgetnehmer konnten in vielen Jahren bzw. Jahrzehnten stationärer Versorgung kaum Erfahrung mit der Eigenorganisation von Unterstützungsleistungen sammeln. *„Der viele Jahre halt hier lebt, ist in Anführungsstrichen diese Kultur noch nicht so gewohnt. Dieses jahrelange Nicht-Haben-Tun-Können, das jetzt Auswählen, da fällt es schon schwer zu sagen, ich möchte jetzt dort und dort"* (MA Int^{03}, 4, 39 – 5, 2). Aber auch das Personal musste sich auf die veränderten Bedingungen einstellen und stieß zum Teil auf Schwierigkeiten bei der praktischen Umsetzung im Wohnheimalltag. Es gab keine Vorbilder, wie man z.B. Sach- und Geldleistungen differenziert oder die eigene Rolle unter Budgetbedingungen findet (vgl. Kap. 4.6). Im weiteren Projektverlauf stieg die Inanspruchnahme der Budgets jedoch tendenziell (vgl. Abbildung 17).

Abbildung 18: Verhältnis der Budgetausgaben intern/extern im Projektverlauf

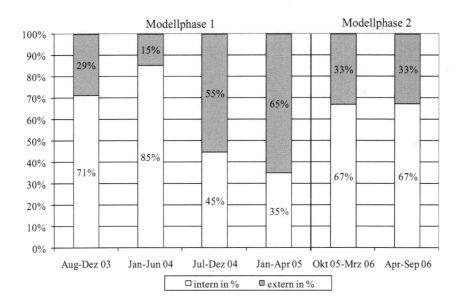

Ebenso wie die Gesamtausgaben erwies sich auch das Verhältnis von internen Budgetausgaben (Bezahlung von Wohnheimpersonal) und externen Ausgaben (für andere Dienstleister) als insgesamt dynamisch (vgl. Abbildung 18). So wurden die Budgets zu Beginn der Modellerprobung zum weitaus größten Teil für interne Leistungen eingesetzt: zu 71 % im Zeitraum August bis Dezember 2003; zu 85 % im Zeitraum Januar bis Juni 2004. Im weiteren Projektverlauf veränderte sich die Relation jedoch zugunsten externer Dienstleistungen: Im Zeitraum von Juli bis Dezember 2004 wurde mehr als die Hälfte der Budgetausgaben für externe Dienste verwendet, im Zeitraum Januar bis April 2005 stieg dieser Anteil auf zwei Drittel.

Nach dem Neuzuschnitt der Budgets ab Oktober 2005 dominierten wieder interne Budgetleistungen; das Verhältnis von zwei Dritteln interner zu einem Drittel externer Investition blieb über das ganze Jahr bis September 2006 weiter relativ stabil.

Personenbezogen betrachtet nutzten die Budgetnehmerinnen und Budgetnehmer die eröffneten Spielräume sehr unterschiedlich. Dies betrifft zunächst die tatsächliche Ausschöpfung der verfügbaren Geldmittel (vgl. Abbildung 19 für die erste Modellphase; Abbildung 20 für die zweite Modellphase).

Abbildung 19: Budgetinanspruchnahme nach Personen (Identifikationsnummer auf der x-Achse) in der ersten Modellphase (Zeitraum Juni 2004 bis April 2005)

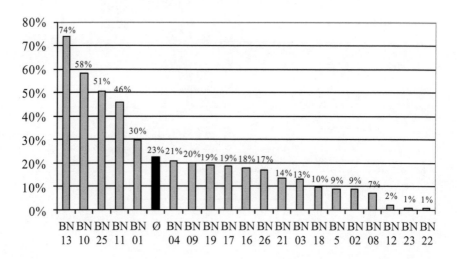

4.4 Budgetverwendung

In beiden Modellphasen haben einige Budgetnehmerinnen und Budgetnehmer nur geringe Budgetanteile bewegt (z.B. BN 22), andere hingegen gaben den größten Teil ihres Budgets aus bzw. überschritten es sogar, nachdem die Budgethöhen in der zweiten Modellphase abgesenkt wurden (BN 10 und 13).

Abbildung 20: Budgetinanspruchnahme nach Personen (Identifikationsnummer auf der x-Achse) in der zweiten Modellphase (Zeitraum Oktober 2005 bis September 2006)

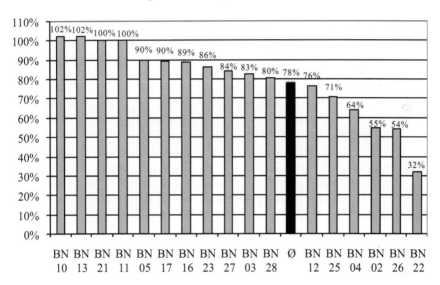

Insgesamt variierte die personenbezogene Budgetinanspruchnahme

- zwischen 1 % und 74 % beim einem Mittelwert von 23 % (= 117 Euro) in der ersten Modellphase bzw.
- zwischen 32 % und 102 % bei einem Mittelwert von 78 % (= 131 Euro) in der zweiten Modellphase.

Die Spannweite und Standardabweichung blieben im Vergleich der Modellphasen relativ konstant (vgl. Tabelle 12). Somit kann generell festgehalten werden, dass die Budgets interindividuell in recht unterschiedlichem Ausmaß in Anspruch genommen wurden.

Tabelle 12: Vergleich der Budgetinanspruchnahme zwischen den Modellphasen (Mittelwert in % der jeweiligen Budgethöhe und in Euro, Minimum und Maximum in %, Spannweite und Standardabweichung in Prozentpunkten)

	Mittelwert	Minimum	Maximum	Spannweite	Standardabweichung
Phase 1	23 % (= 117 €)	1 %	74 %	73 %-P.	23 %-P.
Phase 2	78 % (= 131 €)	32 %	102 %	70 %-P.	18 %-P.

Für diese Verschiedenheit in der quantitativen Budgetnutzung zwischen den Budgetnehmerinnen und Budgetnehmern lassen sich über den Einzelfall hinaus wenige Gründe finden. So zeigt sich z.B. kein Zusammenhang zwischen dem Umfang der Budgetnutzung und dem Geschlecht, dem Alter oder der Gesamtzeit stationärer Betreuung der einzelnen Akteure. In beiden Modellphasen lässt sich jedoch deutlich beobachten, dass die Budgetinanspruchnahme mit dem Ausmaß des Unterstützungsbedarfs wächst. Bezogen auf die erste Modellphase korreliert die prozentuale Budgetinanspruchnahme mit dem Punktwert nach dem HMB-Verfahren (vgl. Metzler 2001) in Höhe von $r = 0,54$ ($p < 0,05$; $n = 20$), bezogen auf die zweite Phase in Höhe von $r = 0,67$ ($p < 0,01$; $n = 17$).

So nutzten in der zweiten Modellphase Budgetnehmerinnen und Budgetnehmer mit den Hilfebedarfsgruppen 2 und 3 mit durchschnittlich 89 % einen wesentlich größeren Teil ihres monatlichen Budgets als der Personenkreis der Hilfebedarfsgruppe 1 mit durchschnittlich 59 % (vgl. Tabelle 13).

Tabelle 13: Budgetinanspruchnahme nach Hilfebedarfsgruppe in der zweiten Modellphase (Mittelwert, Minimum und Maximum in % der Budgethöhe, Relation intern/extern in % der Budgetausgaben)

	Prozentuale Inanspruchnahme			Relation intern/extern
	Mittelwert	Minimum	Maximum	
HBG 1 (n=5)	59 %	32 %	83 %	77 % / 23 %
HBG 2/3 (n=12)	89 %	64 %	102 %	63 % / 37 %
Gesamt (n=17)	79 %	32 %	102 %	67 % / 33 %

4.4 Budgetverwendung

Dies lässt verschiedene Interpretationen zu, z.b. dass Personen mit hohem Unterstützungsbedarf (die zudem häufig auf einen Rollstuhl angewiesen sind) abhängiger von Unterstützungsleistungen sind und daher das Persönliche Budget stärker in Anspruch nehmen müssen. Auffällig ist aber, dass Personen mit den Hilfebedarfsgruppen 2 und 3 zu einem höheren Anteil externe Leistungen eingekauft haben, die in der Regel teurer sind als interne Leistungen (durch Wohnheimpersonal). Dies könnte – zumindest teilweise – die höheren Budgetausgaben erklären.

Darüber hinaus wäre ein Zusammenhang möglich zwischen der Budgetinanspruchnahme einzelner Nutzerinnen und den kognitiven oder psychischen Ressourcen oder auch den sozialen Umweltfaktoren wie Engagement der Eltern (als gesetzliche Betreuer) im Rahmen der Budgetplanung und -verwendung.

Folgende Beispiele zeigen den Einfluss personenbezogener Faktoren auf die Budgetnutzung und machen deutlich, dass die quantitative Budgetinanspruchnahme nicht (alleine) von den budgetbezogenen Kenntnissen und Kompetenzen der Bewohnerinnen und Bewohner abhängt. Daher kann vom Ausmaß des genutzten Budgets nicht unmittelbar darauf geschlossen werden, ob bzw. inwieweit die Budgetnehmerinnen und Budgetnehmer tatsächlich ihre Unterstützung steuern bzw. sich aktiv an der Budgetplanung beteiligen und welche Rolle das Budget insgesamt in ihrem Leben spielt.

Beispielsweise setzten sowohl die Budgetnehmerin Frau Geest[13] (BN 13) als auch der Budgetnehmer Herr Aksu (BN 11) in beiden Phasen des Modellversuchs den größten Teil ihres monatlichen Budgets ein (vgl. Abbildung 19 und Abbildung 20); ihre Gründe für die hohe Budgetinanspruchnahme waren aber sehr verschieden.

Frau Geest und ihre Bezugsbetreuerin verdeutlichten im Interview, dass die Budgetnehmerin vermutlich kein Verständnis vom Persönlichen Budget und den notwendigen Umsetzungsschritten hat. Da sie aber sehr gerne an Aktivitäten teilnimmt, wurde ihr Budget in hohem Maße genutzt: *„Also, wenn es dann so mal am Wochenende PerLe-Aktionen gibt, zum Beispiel Minigolf spielen, dann ist Frau Geest auch gerne dabei. Also wo Aktion ist, ist Frau Geest"* (MA 04 Int[06], 119). Auch ihre Eltern, die einen Teil des Budgets verwalten, setzten sich sehr ein, um damit externe Unterstützung zu arrangieren.

MA: *Sie hat eine starke Familie im Hintergrund, und die würden auch, denke ich, so die Interessen ihrer Tochter organisieren und durchsetzen. Also ich glaube*

---

13 Die Namen wurden geändert.

nicht, dass Frau Geest selber so merkt, dass das Persönliche Budget für sie etwas bedeutet. Da ist die Familie der Motor. (MA 04 Int^{06}, 159)

Im Gegensatz nutzte Herrn Aksu vermutlich deswegen sein Budget in hohem Maße, weil er die Grundidee des Persönlichen Budgets versteht und deswegen eigeninitiativ wurde. Er wies dem Persönlichen Budget in seinem Leben eine bedeutende Rolle zu: *„Das Persönliche Budget ist, ist für mich, für mich eine sehr gute, gute Erfahrung. Ich, ich unternehm' viel und fahre, und suche den/, denjenigen aus, die Begleitung zum Beispiel"* (BN 11 Int^{05}, 9-11). Dabei gehe es ihm nicht nur um die realisierten Aktionen, sondern auch darum, an der Budgetplanung beteiligt zu sein. Herr Aksu hat eigene Vorstellungen bezüglich der Budgetverwendung entwickelt: *„Er weiß sehr genau, was er sozusagen mit seinem Budget tun möchte und hat auch weiterhin viele gute Ideen"* (MA 06 Int^{06}, 46). Zudem kennt er die notwendigen Schritte, um Unterstützung zu organisieren, benötigt hierbei allerdings Hilfe.

Insgesamt lassen sich sowohl Personen finden, die eigentlich über ausgeprägte Kompetenzen zur Budgetverwaltung und -organisation verfügen, bislang das Persönliche Budget aber kaum nutzen, als auch Budgetnehmerinnen und Budgetnehmer, die zwar Schwierigkeiten beim Budgetverständnis und der Budgetorganisation haben, aber ihr Persönliches Budget dennoch bereits intensiv und gewinnbringend eingesetzt haben (vgl. Kap. 5).

Nicht nur zwischen den Budgetnehmerinnen und Budgetnehmern im Querschnitt, sondern auch im Längsschnitt zeigen sich Veränderungen der Budgetausgaben. Diese fallen personenbezogen betrachtet sehr unterschiedlich aus (vgl. Abbildung 21).

Die meisten Budgetnehmerinnen und Budgetnehmer setzen in der zweiten Phase höhere Summen ihres Budgets ein als in der ersten Phase (bis zu 130 Euro monatlich). Dies betrifft ausnahmslos Personen, die in der ersten Modellphase nur einen geringen Budgetanteil genutzt haben (weniger als 20 %).

Exemplarisch soll dies an dem Budgeteinsatz von Herrn Bach (BN 21) aufgezeigt werden (vgl. Abbildung 22).

4.4 Budgetverwendung

Abbildung 21: Personenbezogene Veränderungen der durchschnittlichen monatlichen Budgetausgaben von der ersten zur zweiten Modellphase[14]

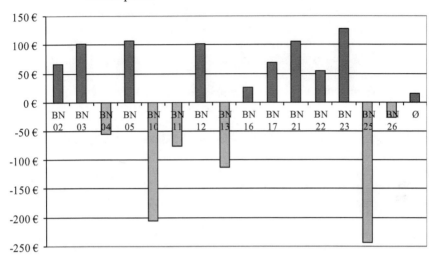

Abbildung 22: Durchschnittliche monatliche Budgetausgaben von Herrn Bach (BN 21) nach Modellphasen (in absoluten Zahlen) und differenziert nach intern/extern (in % der jeweiligen Budgetausgaben)

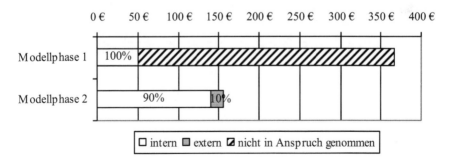

---

14 In dieser Abbildung wurden nur Budgetnehmerinnen und Budgetnehmer berücksichtigt, die ohne Unterbrechung über den gesamten Zeitraum an der Modellerprobung teilgenommen haben (n=15).

Während Herr Bach in der ersten Modellphase sein monatliches Budget von 367 Euro nur zu 14 % verwendet hatte (ca. 50 Euro monatlich, ausschließlich für interne Leistungen), setzte er in der zweiten Phase sein gesamtes Budget von nun 155 Euro ein, davon zu 90 % für interne und zu 10 % für externe Leistungen. Trotz gekürztem Budget überstiegen die Budgetausgaben der zweiten Modellphase die eingangs zugeteilte Summe also um das Dreifache.

Andere und insbesondere Budgetnehmerinnen und Budgetnehmer, die bereits in der ersten Modellphase einen Großteil ihrer Geldleistung umgesetzt hatten, mussten sich durch die neuen (gesenkten) Budgethöhen zum Teil erheblich bei den Budgetausgaben einschränken (ihnen standen bis zu 250 Euro weniger zur Verfügung als in Phase 1). Zum Beispiel hatte die Budgetnehmerin Frau Geest (BN 13) in der ersten Phase 74 % ihres Budgets genutzt (d.h. ca. 270 Euro), davon 17 % für interne und 83 % für externe Leistungen. In der zweiten Phase überschritt die Budgetnehmerin ihr Budget leicht, indem sie 102 % ihres neu bemessenen Budgets ausgab (nun ca. 159 Euro), 80 % für interne und 22 % für externe Leistungen (vgl. Abbildung 23).

Abbildung 23: Durchschnittliche monatliche Budgetausgaben von Frau Geest (BN 13) nach Modellphasen (in absoluten Zahlen) und differenziert nach intern/extern (in % der jeweiligen Budgetausgaben)

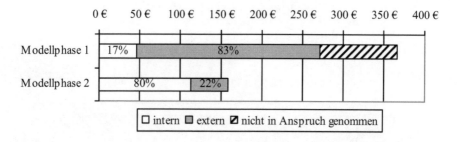

Von dieser Beobachtung abgesehen legen die Interviewergebnisse insgesamt nahe, dass sich Budgetausgaben abhängig von einem komplexen Zusammenwirken verschiedener Faktoren entwickeln: Persönliche Faktoren (wie tieferes Verständnis für das Persönliche Budget) wirken zusammen mit Umweltfaktoren (wie strukturiertere und verbindlichere Planung in der zweiten Modellphase, steigende Handlungssicherheit des Wohnheimpersonals, Unterstützung durch das soziale Umfeld). Der Wandel oder die Konstanz der Budgetinanspruchnahme lassen sich also nicht auf einen einfachen Nenner bringen. Dieser Frage soll deswegen exemplarisch in vertiefenden Einzelfallanalysen nachgegangen werden, um mehr personenbezogene Informationen, Intentionen und Hintergründe betrachten zu können (vgl. Kap. 5).

4.4.2 Nachgefragte Dienstleistungen: Art und Erbringungsform

Die Persönlichen Budgets wurden nicht nur in unterschiedlichem Umfang in Anspruch genommen, sondern auch für inhaltlich verschiedene Leistungen eingesetzt. Die Budgetaktivitäten von zwei Personen in jeweils einem Beispielmonat veranschaulichen dies (vgl. Tabelle 14 und Tabelle 15).

Tabelle 14: Aktivitäten und Ausgaben des Budgetnehmers Herr Aksu (BN 11), Beispielmonat

Aktivität/Leistung	Dauer in Std.	intern/extern	Kosten
Besichtigung Stadion, Straßenbahnrückfahrt	2,0	intern	50,00 €
Begleitung Treffen Rolli-Fan-Club (gemeinsam mit einem weiteren BN)	2,25	intern	28,13 €
Einkaufen	3,5	intern	87,50 €
Geburtstagsplanung	1,0	intern	25,00 €
Einkauf für Geburtstagsfeier	3,0	intern	75,00 €
Geburtstagsfeier im Wohnheim (mit sieben weiteren BN)	8,0	intern	25,00 €
Konzertbesuch (mit sechs weiteren BN)	6,0	intern	21,00 €
Gesamt	**25,75**		**311, 63 €**

Die meisten budgetfinanzierten Leistungen wurden in Form einer Eins-zu-eins-Unterstützung erbracht. Allerdings variierte auch dies individuell: *„Bei den meisten, würde ich mal sagen, ist es in der Tat eine Mischung aus Einzelbegleitung plus Gruppe und ein paar sind aber auch dabei, wo fast nur Einzelbegleitung ist"* (MA 03 Int[06], 296-298).

Insgesamt wurden mit dem Persönlichen Budget vor allem Leistungen zur *Unterstützung bei Freizeitaktivitäten* wie Besuche von Sport- und Kulturveranstaltungen oder Schwimmbadbesuche organisiert. Budgetwirksam waren dabei nicht nur die Begleitung während dieser Aktivitäten, sondern auch die Unterstützung bei ihrer Planung und Vorbereitung, der Transfer, ggf. Eintrittskarten für die Begleitperson sowie Assistenz beim Zu-Bett-Gehen nach einer Veranstaltung.

Tabelle 15: Aktivitäten und Ausgaben der Budgetnehmerin Frau Geest (BN 13), Beispielmonat

Aktivität/Leistung	Dauer in Std.	intern/extern	Kosten
Schwimmen (Hin- und Rückfahrt) (gemeinsam mit fünf anderen BN)	1,25	intern	5,21 €
Vorbereitung einer Feier (Einladung)	0,5	intern	12,50 €
Assistenz bei der Haushaltsführung	1,0	intern	25,00 €
Schwimmen (Hin- und Rückfahrt) (gemeinsam mit vier anderen BN)	1,25	intern	6,19 €
Budgetassistenz/ Einholen von Angeboten (gemeinsam mit einem anderen BN)	0,5	intern	6,25 €
Basteln (gemeinsam mit einem anderen BN)	0,5	intern	6,25 €
Backen (gemeinsam mit zwei anderen BN)	1,0	intern	8,33 €
Besuch einer Kulturveranstaltung (gemeinsam mit drei anderen BN)	1,75	intern	10,94 €
Begleitung in der Freizeit (Gruppenangebote)	13,25	Lebenshilfe	216,64 €
Gesamt	**21,0**		**297,31 €**

Für einige dieser Leistungen bildeten mehrere Budgetnehmerinnen und Budgetnehmer eine *Gruppe* und teilten die Kosten (z.B. Schwimmen, Konzerte). Dabei spielten auch finanzielle Überlegungen eine Rolle.

MA: *Herr [Name des Budgetnehmers] war mit zwei Mitarbeitern und drei oder vier weiteren Personen bei Udo Jürgens. Ne, also in der Seidenstickerhalle. Das hat ihn letztendlich, plus Vorbereitung und plus Nachbereitung, also zu Bett bringen, außerhalb der Dienstzeit, hat ihn nur 2,75 Stunden gekostet. Hätte er das im Eins-zu-eins-Kontakt gemacht, hätte er 'ne richtig fette Rechnung gekriegt.* (MA 06 Int[06], 167)

4.4 Budgetverwendung

Zudem wurden Unterstützungsleistungen zur Bewältigung von „Alltagsaufgaben" über das Persönliche Budget nachgefragt, z.B. Einkaufen, Aufräumen, Kochen, Unterstützung bei finanziellen Angelegenheiten und Bankgeschäften oder Telefonieren.

Auch Beratungs-, Bildungs- und Planungstätigkeiten wurden im Zusammenhang mit dem Projekt PerLe bzw. über das Persönliche Budget bezahlt.

Darüber hinaus setzten die Bewohnerinnen und Bewohner ihr Budget für sehr individuelle Aufgaben/Aktivitäten ein. So haben z.b. zwei Bewohnerinnen sich über ihr Budget Unterstützung für ihren geplanten Umzug organisiert (Wohnungsbesichtigung, Kartons packen usw.), ein anderer Budgetnehmer ließ sich bei der Planung und Durchführung seiner Geburtstagsfeier helfen.

Über den Zeitraum der zweiten Modellphase hinweg betrachtet (Oktober 2005 bis September 2006), wurden zwei Drittel des Gesamtbudgets für interne Leistungen und ein Drittel für externe Leistungen ausgegeben.

Das jeweilige Verhältnis von internen und externen Leistungen, die über die Budgets organisiert wurden, ist aber individuell sehr verschieden (vgl. Abbildung 24):

Abbildung 24: Individuelle Budgetinanspruchnahme intern/extern in der zweiten Modellphase (Zeitraum Oktober 2005 bis September 2006)

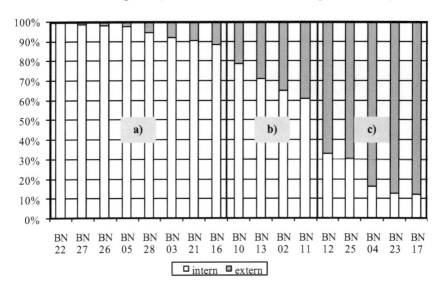

Es lassen sich drei *Nutzertypen* unterscheiden:

a) Acht Personen setzten ihre Budgets (fast) ausschließlich für interne Unterstützung durch Wohnheimpersonal ein,
b) vier Personen fragten überwiegend interne Leistungen mit einem kleineren Anteil externer Unterstützung nach,
c) fünf Personen wählten überwiegend externe Unterstützung mit einem kleineren internen Anteil.

Dabei schöpfte die mittlere Gruppe (überwiegend interne Leistungen mit einem Anteil externer Unterstützung) die Budgets quantitativ am meisten aus.

Als externe Anbieter wurden sowohl frei-gemeinnützige Dienste der ambulanten Behindertenhilfe als auch eine privat-gewerbliche Praxis und Privatpersonen genutzt (vgl. Tabelle 16). Die meisten dieser Dienstleister wurden von den Budgetnehmerinnen und Budgetnehmern bereits vor dem Projekt (z.B. über Eltern finanziert) in Anspruch genommen. Zudem hatten sich einzelne Anbieter von Unterstützung den Bewohnerinnen und Bewohnern im Wohnheim vorgestellt bzw. ihre Leistungen im Rahmen der Fortbildungsveranstaltung präsentiert.

Die Unterstützung durch externe Dienstleister erfolgte teilweise auf Vertragsbasis, um Verlässlichkeit über einen bestimmten Zeitraum zu ermöglichen.

> MA: *Wir haben da auch noch mal 'ne Sicherheit oder 'ne Überschaubarkeit für ihn eingebaut. Wir haben mit Herrn X* [externer Dienstleister] *sozusagen Dreimonatsverträge gemacht. Also jetzt weniger wiederum, weil ich an der Seriosität von Herrn X zweifle (...), sondern mehr deswegen, weil ich dachte, wenn sich Herr* [Name des BN] *es auch anders überlegt, dann kann er da auch prima aussteigen, oder wenn's da irgendwie Schwierigkeiten gibt. Und Herr X weiß also, dass das jetzt nicht Vorbehalte gegen seinen Dienst ist, sondern mehr, um da auch 'ne gewisse Offenheit Richtung des Klienten zu behalten.* (MA 06 Int^{06}, 124)

Bei der Auswahl der Unterstützungsperson wurde auch auf wirtschaftlichen Ressourceneinsatz geachtet, insbesondere wenn es sich um rein praktische Assistenz handelte: „*Also wie Herr* [Name des Budgetnehmers], *der braucht nicht auf dem Fußballplatz 'ne ausgebildete Kraft. Also auch da wirklich zu gucken: Was will ich, was brauche ich?*" (MA 09 Int^{06}, 112)

Tabelle 16: Nachgefragte externe Dienstleister

Name des Dienstes		Familien-entlastender Dienst der Lebenshilfe Bielefeld	Praxis für psychologische Beratung, Seelsorge und Betreuung (BSB)	Gesellschaft für Sozialarbeit (GfS), Ambulante Behindertenhilfe	Familien-entlastender Dienst Bethel	Die Johanniter	Privatpersonen
Trägerschaft		frei-gemeinnützig	privat-gewerblich	frei-gemeinnützig	frei-gemeinnützig	frei-gemeinnützig	privat
Angebote		Begleitung in der Freizeit, Offene Freizeitangebote, integrative Kursangebote	Begleitung in der Freizeit, zu Einkäufen, Ausflüge (auch in Gruppen), Urlaubsbegleitung	Begleitung in der Freizeit, zu Einkäufen und Behördengängen, Ausflüge	Begleitung in der Freizeit, Freizeitangebote (Gruppen)	Fahrdienst für Menschen mit Behinderung, täglich 24 h, behindertengerechte Fahrzeuge	Individuelle Begleitung nach Absprache
Preise	Einzelangebote		werktags bis 18 Uhr 17,50 €/Std., abends, Wochenende 22,50 €/Std.	27 €/Std.	18,90 €/Std.		ca. 10 €/Std.
	Gruppenangebote	16,02 €/Std. pro Person	werktags bis 18 Uhr 24 €/Std., abends, Wochenende 30 €/Std.			Stadtgebiet Bielefeld 20 € pro Fahrt/ weitere Strecken nach Absprache	
	Fahrtkosten		0,30 €/km				

Bei der Nachfrage externer Dienste übernahm das Wohnheimpersonal oft eine wichtige Mittlerfunktion: Sie holten Angebote anderer Dienste und Einrichtungen ein, informierten über vorhandene Anbieter und deren jeweiliges Leistungsspektrum, überlegten gemeinsam mit den Budgetnehmerinnen und Budgetnehmern, welcher Dienst geeignet sein könnte, sie stellten den ersten Kontakt zu den Anbietern her, sprachen Termine ab, begleiteten das Erstgespräch, leisteten Unterstützung beim Vertragsabschluss usw. Nur in wenigen Fällen bewältigten Budgetnehmerinnen und Budgetnehmer diese Schritte inklusive der ersten Kontaktaufnahme alleine. Diese „Regiearbeiten" (MA 05 Int[06], 154) bei der Organisation externer Dienstleistungen wurden vom Wohnheimpersonal teilweise kritisch bewertet bzw. führten zuweilen zu Rollenkonflikten (vgl. Kap. 4.7).

Auch die Angehörigen steuerten zum Teil das Unterstützungsarrangement. Dies betraf vor allem Budgetnehmerinnen und Budgetnehmer, deren Angehörige (als gesetzliche Betreuer) einen Teil des Budgets verwalteten, wenn sie externe Dienste in Anspruch nahmen. Die Mutter eines Budgetnehmers (BN 17) erhielt zum Beispiel monatlich aus dem Persönlichen Budget von 155 Euro einen festen Betrag, nämlich 120 Euro, mit dem sie (externe) Freizeitaktivitäten für ihren Sohn organisierte. Sie gibt an, dabei auch auf günstige Unterstützungslösungen geachtet zu haben:

> Mut.: *Vom Familienunterstützenden Dienst bieten die die Sachen an, war er früher schon drin. (...) Aber ich guck' jetzt natürlich immer, da ich das ja jetzt verwalte, was eben günstiger ist. Und das günstigste ist halt, wenn er was mit unserem Nachbarn macht.* (Mutter des Budgetnehmers BN 17 Int[06], 93-95)

Einige der Budgetnehmerinnen und Budgetnehmer äußerten sich unsicher oder lehnten fremde bzw. neue Unterstützungspersonen sogar ab, z.B. *„Hab' mich jetzt noch nicht so getraut, ich weiß es nicht, ich bin noch unsicher"* (BN 09 Int[05], 290-296). Vorrang scheint Vertrauen zu haben, wenn sich Budgetnehmerinnen und Budgetnehmer für Unterstützungspersonen entscheiden.

> BN: *Da kann man auch nie vertrauen, äh, ob die das Geld nicht irgendwo hinten rausziehen oder einen verarschen damit, und dann hauen sie wieder ab, ne? Das mach ich nicht mehr mit.*
> I: *Ja, also Sie nehmen lieber jemanden, den Sie hier kennen?*
> BN: *Hm.*
> I: *Und dem Sie vertrauen können, ja?*
> BN: *Oder die kann man nicht so vertrauen, mal wollen sie mit, mal wollen sie nicht mit. Das läuft nämlich immer so.* (BN 23 Int[05], 210-220)

4.5 Wirkungen im Leben der Budgetnehmerinnen und Budgetnehmer

Wie das Persönliche Budget auf die Lebenssituation der Budgetnehmerinnen und Budgetnehmer wirkt und wie sie es subjektiv bewerten bzw. welche Bedeutung es für ihre Lebensführung und Alltagsbewältigung hat, stellt sich entsprechend der unterschiedlichen Verstehens- und Umsetzungskompetenzen (vgl. 4.2) sowie der unterschiedlichen Budgetnutzung (vgl. 4.4) sehr verschieden dar.

4.5.1 Subjektive Bedeutsamkeit

Insgesamt äußerten sich die meisten Nutzerinnen und Nutzer positiv über das Persönliche Budget. Dabei ließen einige Personen eher eine diffuse Zufriedenheit erkennen, ohne dies weiter zu begründen, z.b.: *„Weil es mir Spaß macht"* (BN 05 Int[06], 161) oder *„Wüsste nicht ganz bestimmt, den bestimmten Grund"* (BN 17 Int[06], 200). Dies waren vor allem Budgetnehmerinnen und Budgetnehmer, die dauerhaft kein oder nur ein geringes Verständnis für die Grundidee des Persönlichen Budgets entwickelt hatten. Wer kaum konkret etwas über die intendierten Ziele und Entscheidungsspielräume wusste, wirkte in der Regel auch nicht aktiv an der Planung und Organisation der Budgetleistungen mit. Weil dann das Budget maßgeblich durch andere Personen gesteuert wurde, konnte sich durch die neue Leistungsform für diese Budgetnehmerinnen und Budgetnehmer auch keine für sie erkennbare, subjektiv bedeutsame Veränderung zeigen.

4.5.2 Aktivitäts- und Entscheidungsräume

Budgetnehmerinnen und Budgetnehmer, die das Budget aktiv genutzt hatten und für die es daher im Alltag eine erkennbare und bedeutende Rolle spielte, äußerten sich ausführlicher. Vor allem nannten sie konkrete Gründe für ihre positive Bewertung des Persönlichen Budgets. Dabei bezogen sie sich in den Interviews 2005 zum Teil noch auf die (theoretischen) Optionen des Budgets, *„dass das Geld jeden Monat kommt und dass man das den Mitarbeitern geben kann und dass man das selber verwalten kann"* (BN 23 Int[05], 384). In einer späteren Phase der Modellerprobung fußten ihre Bewertungen stärker auf erlebten Erfahrungen. Sie berichteten vor allem von einem *Zuwachs an Aktivitäten*, insbesondere im Freizeitbereich außerhalb des Wohnheims.

I: *Und kannst du da noch mal ein bisschen genauer sagen, warum dir das so gut gefällt?*
BN: *Ja, weil ich jetzt öfters rauskomme.[...]*
I: *Ja .. und vorher, als es das Persönliche Budget noch nicht gab, da hast du nicht so viel außerhalb des Wohnheims unternommen?*
BN: *Nee.*
I: *Nee?*
BN: *Ich bin bis Schmiede[15] in die Disko gefahren und dann ist Feierabend.* (BN 23 Int[06], 238-255)

Wichtig bei den erlebten Aktivitätsgewinnen schienen die genutzten *sozialen und zeitlichen Entscheidungsspielräume* – selbst zu bestimmen, welche Unterstützung wann und durch wen erbracht werden soll:

BN: *Jetzt kann man ja jetzt einkaufen, wen man will (...), ob Mitarbeiter und Nicht-Mitarbeiter.* (BN 10 Int[06], 328-330)

BN: *Ja, dass man halt die Möglichkeit hat, unabhängiger von den Wohnheimmitarbeitern, dass die Leute sich da die Betreuer wählen können, die Assistenten.* (BN 01 Int[05], 302)

Auch das Personal beurteilte die erweiterten Wahlmöglichkeiten der Budgetnehmerinnen und Budgetnehmer als bedeutendsten Unterschied zwischen dem Sachleistungs- und Geldleistungssystem:

MA: *Ich glaube einfach, dieses Bewusstsein für das, was mir zusteht, das ist deutlicher geworden. Dass es auch um einkaufbare Leistung und um Wahlmöglichkeiten geht. Das war ja so früher nie möglich zu sagen, ich möchte aber gar nicht mit euch ins Kino gehen. Ich möchte viel lieber mit irgendjemand Fremdes oder mit jemand Preiswerterem gehen. Also das ist so eine revolutionäre Erneuerung, einfach auch Sachen mit Menschen zu machen, die ich mir aussuchen kann.* (MA 10 Int[06], 239)

Dadurch standen auch verschiedene Aktivitäten zur Wahl, die mit den Dienstplänen im Wohnheim schwer zu vereinbaren sind, wie zum Beispiel Einzelunternehmungen oder die Begleitung in Abend- oder Nachtstunden.

BN: *Ja, zum Beispiel ... ich bin öfter in der Stadt, einen Stadtbummel zu machen zum Beispiel. Kann meine Behördengänge erledigen.*
I: *Konnten Sie das vorher nicht so?*

---

15 Die „Neue Schmiede" ist ein Freizeit- und Kulturzentrum für Menschen mit und ohne Behinderung des Stiftungsbereichs Behindertenhilfe der von Bodelschwinghschen Anstalten Bethel.

4.5 Wirkungen im Leben der Budgetnehmerinnen und Budgetnehmer

BN: *Schwierig, weil früher kaum einer Zeit hatte, mich zu begleiten und das war alles irgendwie nicht so das Wahre.* (BN 04 Int^{05}, 291-293)

BN: *Ja, wenn ich jetzt abends mal was vorhatte und wo ich die GfS* [Gesellschaft für Sozialarbeit, Anm. d. A.] *noch nicht gebucht hatte, konnte ich zum Beispiel nicht sagen, ich gehe abends noch um zwanzig Uhr ins Kino. Weil die Kinovorstellung ging bis zehn.* […] *Und deswegen ging das dann nicht, weil die Betreuer also nur bis 22 Uhr im Tagdienst sind.* (BN 01 Int^{05}, 104-108)

MA: *Also dadurch, dass man in der Einrichtung selbst auch nur begrenzte Zeiten hat und vorwiegend auch so Gemeinschaftsaktionen halt gemacht werden, ist natürlich schwierig, halt wirklich individuelle Wünsche auch nutzbar zu machen. Und durch das Budget ist man einfach flexibler zu sagen, ich möchte das und das machen und zu den Zeiten. Und kann natürlich ganz anders auch am gesellschaftlichen Leben teilhaben. Also bei Frau* [Name einer Budgetnehmerin] *zum Beispiel, die dann auch Diskobesuche machen konnte bis drei Uhr, was wir so über den Dienstplan nicht unbedingt gewährleisten können.* (MA 01 Int^{06}, 595-601)

Ein anderer Budgetnehmer schätzte vor allem die Möglichkeiten, mit dem Persönlichen Budget seinen Wunsch verfolgen zu können, in eine selbstständigere Wohnform umzuziehen. Er finanziert aus seinem Geldleistungsbetrag u.a. einen externen sozialen Dienst, der ihn beim Kochen lernen unterstützt.

BN: *Ja, ich mache jetzt damit seit .., seit ungefähr .. zwei Jahren oder anderthalb Jahren koche ich, alle vierzehn Tage, um ja, um halt so ein bisschen darauf hinaus zu arbeiten für eine eigene Wohnung.* […] *Ja praktisch zu gucken, wie kann ich mich weiterentwickeln, mit Selbstständigkeit, Kochen und so weiter.* (BN 04 Int^{06}, 8 und 142)

4.5.3 Selbstsicherheit und Eigenverantwortung

Einzelne Personen berichteten, das Persönliche Budget wirke sich positiv auf ihre *persönliche Entwicklung* aus. So erzählte eine Budgetnehmerin, dass sie nun „freier" geworden sei:

BN: *Mir hat das total geholfen. Ich war früher nicht so frei wie heute.* […] *Ich bin nicht mehr so ängstlich. Früher war ich ängstlicher. Und heute bin ich offener.* […] *Ich geh' jetzt auf die ganzen Leute, also ich geh' jetzt auf die Leute freier zu. Und ja bin, und ich lass mir nicht so (...) wie früher.*

I: *Ja .. auch auf fremde Leute oder jetzt speziell eher auf die Leute hier im Wohnheim?*
BN: *Eher auf fremde Leute.* (BN 10 Int^{06}, 16-30)

Auch das Wohnheimpersonal sah bei einigen Budgetnehmerinnen und Budgetnehmern Fortschritte bei Selbstbewusstsein und Selbstsicherheit:

> MA: *Ja schon mehr Selbstbewusstsein bei manchen, also durch dieses ... durch diese Kenntnis, ich hab' mein Budget und kann das persönlich nutzen und kann mir wirklich Zeit einkaufen, so wie ich das möchte. Ich bin nicht mehr so stark von außen bestimmt, sondern hab' auch eine gewisse Freiheit, selbst zu bestimmen. Ja, und für viele bedeutet das wirklich auch Freiheit. Also, die genießen das auch wirklich, sich Begleitung einzukaufen.* […] (MA 01 Int^{06}, 495)

> MA: *Ja, die sind zum Teil wirklich sehr viel selbstsicherer, fordern bestimmte Sachen ein* […]. *Da ist schon sehr viel mehr ja Selbstsicherheit einfach, ein bewussteres Auftreten auch. Ich hab da einen Anspruch drauf und das will ich.* (MA 09 Int^{06}, 136)

In diesem Zusammenhang spielte aus Mitarbeiterperspektive der Aspekt der Eigenverantwortung eine bedeutende Rolle, *„sich zu lösen von so einer Versorgungshaltung"* (MA 04 Int^{06}, 353). Durch den Einsatz des Persönlichen Budgets seien Budgetnehmerinnen und Budgetnehmer in stärkerem Maße gefordert, Eigenverantwortung zu übernehmen, sich mit den eigenen Bedürfnissen, Wünschen und Möglichkeiten auseinanderzusetzen und insgesamt mehr Engagement zu zeigen.

> MA: *Ja, so auch eine gewisse Verantwortlichkeit für sich selber. Auch so ein Stückchen mit zu überlegen, was möchte ich gern machen, also wofür möchte ich mein Persönliches Budget einsetzen, und dann nicht drauf zu warten, dass der Mitarbeiter viele Sachen anträgt, sondern sie selbst muss halt überlegen und muss sagen, ich möchte gerne vielleicht ins Kino gehen, ich möchte gerne lieber irgendwie halt zweimal die Woche schwimmen gehen. Also, es ist für sie so eine Eigenverantwortung mehr gekommen.* (MA 10 Int^{06}, 181)

Mehr Eigenverantwortung steigerte auch das Bewusstsein für den eigenen Anspruch auf Unterstützung und dessen Grenzen.

> MA: […] *Es gibt ja auch sehr fordernde Bewohner, die gute und viele Ideen haben. Die kriegen aber dann auch mit, dass sie an ihre Grenzen stoßen, wenn das Budget erschöpft ist.* […] *Und das hat auch was. Also PerLe ist nicht so ...*

das Paradies mit unbegrenzten Möglichkeiten, sondern Paradies mit begrenzten Möglichkeiten. (MA 04 Int[06], 281-283)

4.5.4 Beziehung zum Fachpersonal

Das Persönliche Budget führte generell zur Veränderung der *Beziehung zwischen Bewohnerinnen und Bewohnern und* dem für sie beschäftigten *Fachpersonal*. So entwickelte sich die Kommunikation zwischen Leistungsberechtigten und den Mitarbeiterinnen und Mitarbeitern in vielerlei Hinsicht positiv. Die Budgetnehmerinnen und Budgetnehmer nahmen z.b. wahr, dass stärker auf ihre geäußerten Bedürfnisse und Wünsche eingegangen wurde: „*Und dann hören auch die Betreuer auch da zu, was man machen möchte und was man nicht machen möchte*" (BN 25 Int[05], 692). Als atmosphärischen Fortschritt empfand eine Bewohnerin, dass man untereinander nicht mehr so stark um die Unterstützung des Wohnheimpersonals rivalisieren müsse, weil eine Option auf den Einsatz anderer Personen bestehe:

> BN: *Das Klima ist besser geworden zwischen Bewohnern und Mitarbeiter. [...] Und wenn ich an früher denk', wir haben uns früher gekabbelt [...] und jetzt geht das besser."* (BN 10 Int[06], 334-356)

Zugleich wurde angemerkt, dass das Personal seine Arbeitshaltung veränderte: „*Die Mitarbeiter, die gucken jetzt mehr auf die Uhr*" (BN 10 Int[06], 360).

4.5.5 Informationsbedarfe

Insgesamt gab es kaum negative Äußerungen der Nutzerinnen und Nutzer zum Persönlichen Budget. Einzelne kritische Bewertungen bezogen sich vor allem auf die Ausgestaltung des Modellprojekts bzw. auf eine *unbefriedigende Informationslage*, insbesondere zu Beginn der Erprobung:

> BN: *Was ich halt als sehr schlecht empfunden habe, war die schlechte Informationsabgabe, die Bethel so den Mitarbeitern gegeben hat, wie das so zu laufen hat. Weil bis wir wussten, wie viel Geld wir überhaupt haben, was wir an fremden Leuten abgeben, das alles, das hat monatelang gedauert.* (BN 01 Int[05], 204)

> BN: *Wir hatten irgendwie noch keine richtigen Informationen, was man. was, wo oder wo wir uns melden können. Und ich hatte das Gefühl, dass hier im Haus,*

also die Betreuer, zwar Informationen hatten, aber die Informationen an uns Bewohner nicht, ja, entweder nicht weiter geben wollten, oder sie wussten auch nichts. (BN 04 Int[06], 123)

In ähnlicher Weise äußerte sich auch das Wohnheimpersonal, dass die Veränderung im Wohnheim aus ihrer Perspektive zu schnell oder ohne ausreichende Information gekommen sei. Sie hätten sich eine längere Vorbereitungsphase gewünscht sowie – im weiteren Verlauf des Modellversuchs – begleitende Supervisionsangebote, um Umsetzungsprobleme kontinuierlich besprechen und im Team lösen zu können.

MA: *Ich denke, man hätte uns viel früher darüber informieren müssen, dass dieses Projekt bei uns geplant ist, damit wir eine Möglichkeit gehabt hätten, eine Haltung dazu zu entwickeln und uns damit zu beschäftigen [...].* (MA 11 Int[06], 184)

Zusätzlich wäre es aus ihrer Sicht besser gewesen, die Fortbildungen für die Budgetnehmerinnen und Budgetnehmer vor der Modellerprobung durchzuführen, um die konkrete Umsetzung reibungsloser zu ermöglichen.

Manche Budgetnehmerinnen und Budgetnehmer äußerten sich zu anderen Aspekten von besserer Information und Kommunikation kritisch. Sie formulierten (subjektive) Unsicherheiten bezüglich der Rahmenbedingungen des Persönlichen Budgets und der Projektgestaltung. Beispielsweise befürchtete eine Budgetnehmerin, mit ihrem Budget externe Dienste einkaufen zu müssen, eine andere Person hatte Zweifel, ob ihr Geldleistungsbetrag für ihre Unterstützung reichen würde bzw. ob sie ihn überziehen könnte. Einige der Befragten sorgten sich schließlich, das Persönliche Budget könne irgendwann wieder ganz wegfallen.

4.5.6 Akzeptanz

Dass sich Budgetnehmerinnen und Budgetnehmer um die Dauerhaftigkeit des Budgetversuchs sorgten, drückt zugleich dessen hohe Akzeptanz als neue Maßnahme zur Verbesserung des Wohnheimalltags aus. Nicht nur ihre bisherigen Erfahrungen schätzten sie insgesamt in hohem Maße positiv ein, sondern waren auch einhellig der Meinung, zukünftig weiterhin ihr Leben mit Hilfe des Persönlichen Budgets organisieren zu wollen: „*Ich möchte es immer gerne mitmachen*" (BN 23 Int[06], 275); „*Wenn dies fortgesetzt wird, mach' ich auf jeden Fa/ auf jeden Fall weiter*" (BN 11 Int[06], 51).

4.6 Wirkungen auf die Arbeit des Wohnheimpersonals

Das Projekt PerLe veränderte die Arbeit in der Wohneinrichtung nennenswert. Dennoch steht das Wohnheimpersonal dem Modellversuch zum Persönlichen Budget prinzipiell aufgeschlossen gegenüber – insbesondere weil es wohl spürt, dass die mit dem neuen Steuerungskonzept verbundenen fachlichen Ziele mit der bisherigen konzeptionellen Ausrichtung seiner Arbeit übereinstimmen.

So nannten Mitarbeiterinnen und Mitarbeiter die Leitideen Selbstbestimmung, Individualisierung der Unterstützung und Kompetenzentwicklung als zentrale Bezugsgrößen ihrer professionellen Arbeit. *„Also diese Haltung, die Grundhaltung, von den Wünschen des Betreffenden auszugehen, das war von Anfang an da"* (MA 06 Int[06], 197). Schon vor dem Modellversuch gab es als konzeptionellen Schwerpunkt der Einrichtung – wenn auch besonders bezogen auf jüngere Bewohnerinnen und Bewohner – den Willen, für einen interessierten und geeigneten Personenkreis den Übergang in eine ambulante Wohnform anzubahnen. Hierzu schien das Persönliche Budget eine gewinnbringende Maßnahme, die erforderliche Kompetenzen für ein Leben unter ambulanten Rahmenbedingungen stützt (z.B. Bedürfnisse zu artikulieren, Alltag zu organisieren, mit Geld umzugehen).

4.6.1 Transparenz und Strukturierung

Diese Chance, systematisch auch mehr Klarheit über individuelle Leistungsansprüche zu gewinnen, mehr Erfahrung damit zu sammeln, wie man benötigte Unterstützungen plant und umsetzt und konsequentere Fortschritte bei der Individualisierung der Alltagsgestaltung zu machen, sahen Mitarbeiterinnen und Mitarbeiter als einen wesentlichen Effekt des Persönlichen Budgets. Passendere Arrangements würden entstehen, weil es möglich und notwendig sei, *„genauer zu gucken, wer kriegt hier eigentlich wie viel"* (MA 09 Int[06], 112). Dadurch müsste die Unterstützung besser strukturiert sowie verlässlicher und nachvollziehbarer organisiert werden – weg von einer „gefühlten" Verteilung der Ressourcen hin zu einer konsequent individuell abgestimmten Steuerung mit höherer Verbindlichkeit. Mit steigender Leistungsreflexion und Wirkungsanalyse erhöhten sich insgesamt für die Fachkräfte Handlungssicherheit und Chancen, bedarfsgerecht und passgenau zu arbeiten:

> MA: *Ich weiß einfach, ich muss oft nein sagen, aber ich weiß auch: An anderen Stellen bekommt der Mensch genau das, was er sich wünscht, was er einsetzen*

> *möchte und nicht, wie gesagt, so dieses ‚Geht gar nicht' und ‚Jeder bekommt ein bisschen was'. Sondern: Man guckt wirklich viel mehr auf die Individualität einfach und auch auf das, was geplant ist und gewünscht wird.* (MA 10 Int[06], 229)

Dies ermöglicht es aus Personalperspektive einerseits, überzogene Ansprüche von Budgetnehmern, Angehörigen oder anderen Mitarbeitern zurückzuweisen oder zu relativieren, was als psychisch entlastend und in der Arbeitssituation entspannend erlebt wird. Andererseits könne man nun auch – insbesondere durch die Dokumentation der Planung und Leistungserbringung – verstärkt den Personenkreis berücksichtigen, der Unterstützung weniger aktiv und „lautstark" einfordere bzw. Bedürfnisse seltener von sich aus äußere. Durch die transparente Planung wachse somit die Chance auf individualisierte, bedürfnisorientierte Unterstützung nach Maß:

> MA: *Dass noch mal jeder, jeder Bewohner einzeln, ganz individuell in den Blick genommen wird. Das, glaub' ich, ist das Beste, was uns, was wir daraus ziehen können, dass jeder gesichert Zeit bekommt an Förderung, an Unterstützung, und zwar so, wie er oder sie es individuell braucht. [...] Diese Menschen haben einen gesicherten Anspruch an bestimmter Stundenzahl, an Zuwendung, Begleitung, Beratung, Unterstützung. Und das ist, glaub' ich, eine gute Sache.* (MA 11 Int[06], 165-166)

Individuelle Bedürfnisse und Wünsche würden also durch das Persönliche Budget stärker gewürdigt, wogegen Erfordernisse der Organisation oder Interessen des Wohnheimpersonals an Dominanz verlören:

> MA: *Ich hab das in vielen Bereichen als positiv für mich erlebt, dass ich eben halt mehr dieses gezielte Planbare machen kann. Habe aber auch Teile dabei gehabt, da war noch mal so ein Umdenken, wenn dann ein oder zwei Kollegen dann mit jemandem losgegangen sind im Rahmen des Persönlichen Budgets, dass ich dann auch gedacht hab': So du stehst jetzt hier und musst den Rest jetzt machen, ne? Diesen ganz normalen Gruppendienst eben halt. [...] Dass es diesen Menschen jetzt aber auch halt zusteht, [...] ist auch ein Umdenken für mich als Mitarbeiterin eingetreten. Weil man, also ich finde immer, da muss man gucken, dass man wirklich auch von dem Bewohner ausgeht und das auch so von ihm aus sieht.* (MA 10 Int[06], 350-352)

Gewinne zeigten sich aus Sicht des Personals vor allem, wenn Aktivitäten den Wohngruppenrahmen und das Gruppenprinzip überschreiten, so dass die budgetgetragenen Leistungen aus der Wohnheimroutine führen:

4.6 Wirkungen auf die Arbeit des Wohnheimpersonals 103

> MA: *Früher haben wir uns das nicht getraut, sag' ich mal, weil die Ressourcen waren, wie die Ressourcen sind. Und dass dann Kollegen gesagt haben: ‚So, ich geh' zwei Stunden mit Herrn Sowieso dahin, und macht es mal gut und ihr macht das hier schon.' Da hat einfach im Bewusstsein sich da was verändert sozusagen, sich da wirklich sich solche Sachen auch zu trauen. Da auch wirklich ganz konkret halt auf den Bewohner noch mal zu gucken und da zu sagen: ‚Der möchte das eigentlich gerne, und wie der sein Geld ausgibt, ist seine Sache'* [...]. (MA 12 Int[06], 24)

Insgesamt hat das Persönliche Budget nach Aussage einiger Mitarbeiterinnen und Mitarbeiter zu einer stärkeren Auseinandersetzung mit den Arbeitsinhalten und -prozessen geführt und dadurch die Qualität und Professionalität der eigenen Tätigkeit gesteigert:

> MA: *Die Einführung des Persönlichen Budgets hat uns veranlasst, professioneller zu arbeiten: also professioneller Hilfeplanungen zu machen, professioneller Maßnahmen zu planen und zu terminieren und die sozusagen auch verbindlicher durchzuführen. Das würde ich so sagen als positive Nebenwirkungen dieses Projektes.* (MA 06 Int[06], 193)

4.6.2 Angebotsvielfalt

Die Möglichkeit, mit Hilfe eines Persönlichen Budgets externe Anbieter in das Unterstützungsarrangement einzubeziehen, wirkt auf die Arbeitssituation in der stationären Einrichtung. Dies begreifen die Mitarbeiterinnen und Mitarbeiter als gewinnbringenden Effekt für die eigene Arbeit. Zwar bedeute die Koordination mit externen Diensten für sie auch Mehrarbeit („*Vorbereitung, Regiearbeit und Zusatzbelastung*"; MA 05 Int[06], 154), zugleich verbreitere sich durch den Einsatz Externer aber auch die Angebotspalette für die Bewohnerinnen und Bewohner. Dies wiederum entlaste das Wohnheimpersonal insofern, als man nicht das gesamte eingeforderte Leistungsspektrum der Budgetnehmerinnen und Budgetnehmer aus den eigenen Reihen abdecken müsse.

> MA: *An sich ist es eine Erleichterung. Also wir sind ja auch daran interessiert, dass die Bewohner, die wir betreuen, ihre Interessen auch wirklich verwirklichen können, Und dadurch, dass wir jetzt auch externe Anbieter halt mitnutzen können, macht es uns, macht es uns das natürlich einfach, weil wir nicht alles abdecken müssen.* (MA 01 Int[06], 487)

Externe Dienste würden insbesondere nützen, wenn die Leistungsgrenzen im Wohnheim spürbar und personelle Ressourcen ausgeschöpft erschienen. Außerdem könnten laut Personal Leistungen von externen Anbietern z.t. preiswerter und zeitlich flexibler erbracht werden (beispielsweise unabhängiger von Dienstplänen, insbesondere in den Abend- und Nachtstunden):

> MA: *Wenn jemand zu einem Fußballspiel möchte, das abends um acht anfängt, ja gut, dann ist der gute Mann vielleicht um elfe, halb zwölfe zu Hause. Dann hat er die Möglichkeit, das so zu organisieren, dass er auch von seiner Begleitung ins Bett gebracht wird, was wir so erst mal nicht haben, bei uns gibt es keine Nachtwache [...]. Also, das ist schon ein Teil auch Entlastung.* (MA 05 Int[06], 154)

4.6.3 Innovationszwang und Flexibilität

Ein zentrales Problem bei der Umsetzung des Persönlichen Budgets in der Wohneinrichtung liegt aus Sicht des Personals darin, die individualisierte geldgesteuerte Leistung mit dem Rahmendienstplan zu harmonisieren und zugleich mit dem von den Budgetnehmerinnen und -nehmern gewünschten personellen Ressourceneinsatz. Die Dienstplanung müsse einerseits Erfordernisse des „laufenden Betriebs" berücksichtigen und die „Grundversorgung" sicherstellen, andererseits solle sie auch über das Persönliche Budget vereinbarte interne individuelle Betreuungszeiten abdecken. Im Dienstplan wirke somit eine komplexe Vielzahl von Faktoren zusammen: feste Aufgaben im Arbeitsalltag, notwendige Präsenzzeiten in der Einrichtung, individuelle Förderung usw. Fixe Elemente wie zeitlich und/oder auch personell festgelegte Unterstützungsaufgaben sowie nicht planbare, unvorhersehbare Ereignisse im Wohnheim (wie Erkrankung von Personal oder Bewohnerinnen und Bewohnern, Komplikationen im Arbeitsablauf, zeitliche Überschneidungen von Alltagsaufgaben etc.) wirkten sich aus auf disponible Ressourcen und damit auch auf die mögliche Leistung im Rahmen des Persönlichen Budgets:

> MA: *Ja, es ist ein Unterschied, ob man sozusagen Mitarbeiter eines Dienstes ist und man macht Planungen und Termine und man hält die auch ein oder ob man bei einer Institution ist und von ganz vielen Faktoren abhängig ist: also von Krankheit, davon, dass man einen laufenden Betrieb aufrecht erhalten muss, davon, dass irgendwo ein Wasserschaden im Keller ist und man darauf reagieren muss [...]. Also, das ist für uns – glaub ich – alle der problemati-*

sche Teil der Einführung des Persönlichen Budgets gewesen. (MA 06 Int^{06}, 168-169)

Darum könnten mitunter im Rahmen des Persönlichen Budgets vorgesehene Einzelunterstützungen nicht eingehalten werden *("Irgendjemand kippt um und schon gerät alles durcheinander, dann finden auch dann Maßnahmen nicht statt";* MA 05 Int^{06}, 138) oder vereinbarte Leistungen – insbesondere außerhalb des Wohnbereichs – nur *"auf Biegen und Brechen eingehalten werden und dann [...] für die Zurückbleibenden manchmal, die dann eben nicht zu dem Termin gehören, sowohl von den Menschen, die hier leben, als auch, die hier arbeiten, dann praktisch so ein bisschen das als eine Last aufgetragen werden muss"* (MA 08 Int^{06}, 138). Praktische Umsetzungsprobleme entstünden vor allem bei personal- und zeitintensiven mehrstündigen Eins-zu-eins-Unterstützungen wie in die Stadt gehen, bummeln oder ins Kino gehen. Zeitlich begrenzte Leistungen, die im Wohnheim stattfinden, sind nach Meinung des Wohnheimpersonals hingegen vergleichsweise reibungsloser umsetzbar.

Das Personal empfindet ein Spannungsfeld zwischen der Anforderung, Basisaufgaben im Wohnheim zu bewältigen, und dem gleichzeitigen Anliegen, individuellen Wünschen und Bedürfnissen der Bewohnerinnen und Bewohner gerecht zu werden. Insofern erforderten alle Leistungen eine sorgfältige und mittelfristige Planung; kurzfristige Ideen oder spontane Wünsche nach individueller Betreuung könnten in der Regel auch im Rahmen eines Persönlichen Budgets vom Wohnheimpersonal kaum erfüllt werden:

MA: *Das ist nicht umsetzbar. Nein, es muss schon geplant werden, und es muss auch geplant werden, wer kann es tun und können wir es tun oder muss es jemand anders sein. Das, so spontan, das geht gar nicht, weil das ist ausgereizt jetzt, der Dienstplan [...].* (MA 05 Int^{06}, 136)

Trotz der Rahmenvorgaben des Dienstplans und notwendiger Präsenzzeiten bemühen sich die Mitarbeiterinnen und Mitarbeiter um mehr zeitliche Flexibilität, um individuellen Unterstützungswünschen möglichst gut nachkommen zu können: *"Wenn es einen Konzertwunsch gibt, dann können wir nicht sagen: ‚Der Tag ist aber leider ungünstig, weil da sind wir so schlecht besetzt'"* (MA 12 Int^{06}, 28). Als Lösungsansatz versuchen die Wohnheimleitung und das Personal, im Rahmen der Dienstplangestaltung Personalressourcen an geeigneten Stellen aufzusparen *("Zeiten abzuknapsen"* und *"Minusstunden zu haben").* Mit solchen „Zeitkonten" wüchsen für das Heimpersonal disponible Stunden, die für größere

Aktivitäten nach Wunsch der Budgetnehmerinnen und Budgetnehmer eingesetzt werden könnten:

> MA: *Da sprechen wir dann individuell mit unserer Chefin, ob wir da und da dann kürzer arbeiten können, um da dann halt dann länger zu bleiben. Halt immer wieder halt sehr genau Ressourcen anzugucken, wo könnte man da den Dienstplan denn dann mit noch weniger Kollegen so gestalten, dass man da dann raus kann, um an anderer Stelle das dann möglich zu machen.* (MA 12 Int[06], 28)

Diese Umstellung wird als Prozess beschrieben, der ein erhebliches Umdenken erfordere: *"Das haben wir alle noch anders gelernt"* (MA 09 Int[06], 76). Die damit einhergehenden Veränderungen der Arbeitssituation akzeptieren die Mitarbeiterinnen und Mitarbeiter unterschiedlich: Einige versuchen, an der notwendigen Flexibilisierung aktiv mitzuwirken, während andere den Status quo möglichst aufrechterhalten wollen:

> MA: *Also einige Kollegen haben das gemacht, dass die dann wirklich an Tagen, wo die frei haben oder wenn sie einen kurzen Frühdienst hatten, dann abends noch mal wiedergekommen sind zu bestimmten Verabredungen und so. Aber das ist auch schon sehr unterschiedlich. Es gibt auch Kollegen, die wirklich sehr drauf bedacht sind, nur Angebote hier innerhalb des Hauses zu machen.* (MA 09 Int[06], 80)

Ein Teil des Wohnheimpersonals sieht die verschiedenen Versuche, den Personaleinsatz zeitlich zu flexibilisieren trotz herkömmlicher Dienstpläne mit festen Arbeitstagen, als auf Dauer nicht tragfähig an. Vielmehr müsse man die Dienstzeitgestaltung und Personalplanung im Wohnheim grundsätzlich wandeln (z.B. in Form flexiblerer Zeiten in Anlehnung an Dienstzeitenregelungen im ambulanten Bereich), um mit dem Instrument des Persönlichen Budgets sinnvoll arbeiten zu können:

> MA: *Im Moment hat sich da noch nicht so sehr viel verändert. Das ist aber auch genau der Knackpunkt [...], dass wir dann noch mal überlegen müssen, was da an, am gesamten System Dienstplan etc. neues verändern müssen. Weil das, denk' ich, ist schon abzusehen: So ganz normal weiter zu arbeiten und dann nebenbei noch die PerLe-Termine – das ist unrealistisch, das hinzukriegen.* (MA 03 Int[06], 341-345)

4.6.4 Rollenkonflikte

Die „richtige Haltung" gegenüber den Bewohnerinnen und Bewohnern muss aus Sicht des Personals unter den Rahmenbedingungen des Persönlichen Budgets neu gelernt werden. Mitarbeiterinnen und Mitarbeiter berichten von Schwierigkeiten, weil sie beispielsweise in der praktischen Umsetzung von den Budgetnehmerinnen und Budgetnehmern als Vertrauenspersonen und Ansprechpartner wahrgenommen würden, welche deswegen eine (objektive) Beratung bezüglich des Persönlichen Budgets von ihnen einforderten. Daraus ergebe sich aber der Rollenkonflikt, als Dienstleister und Vertreter einer Einrichtung von der Qualität der eigenen pädagogischen Arbeit überzeugt zu sein und zugleich als objektiver Ratgeber auch Informationen über andere Anbieter bzw. Unterstützungspersonen und damit über mögliche Konkurrenz mit anderen Konzepten oder Leistungsspektren geben zu müssen.

MA: *Was zwischendurch auch immer wieder Gesprächsthema, Knackpunkt war, diese Mischrolle, die wir da einfach einnehmen: Berater zu sein, gleichzeitig Anbieter zu sein, gleichzeitig die Bezugsperson, gleichzeitig die, die Ansprüche äh Hilfeplanung, LWL* [Landschaftsverband Westfalen-Lippe, überörtlicher Sozialhilfeträger; Anmerk. d. A.] *wahrnehmen zu müssen.*
Also wir haben ja so 'ne komische Mischrolle. Und da ja dann auch wirklich zu gucken, dass man einigermaßen [...] korrekt bleibt, dass man sagt: ‚Die und die Möglichkeiten gibt es', dass der Bewohner dann auch entscheiden kann. Also, das nicht aus den Augen zu verlieren und gleichzeitig: Je mehr wir für Außenanbieter werben, umso mehr sind natürlich auch gleichzeitig unsere Arbeitsplätze wieder gefährdet. Das ist ja, das ist ja eine völlig verrückte Situation im Grunde genommen. (MA 03 Int[06], 416-428)

Die Budgetnehmerinnen und -nehmer über andere Anbieter zu informieren oder ihnen sogar externe Dienstleister zu vermitteln und damit die eigene Konkurrenz zu fördern, nahm das Heimpersonal gerade in der Anfangsphase des Modellversuchs als paradoxe Situation und auch als Bedrohung des eigenen Arbeitsplatzes wahr: *„Es ist natürlich wirklich auch sehr schwer, einen Bewohner zu beraten, mit wem er was macht, auch wenn man dabei im Hintergrund hat irgendwie: Je mehr ich den eigentlich nach außen berate, je mehr säge ich an meinem Stuhl"* (MA 09 Int[06], 248). Den Neuzuschnitt des Modellversuchs (insbesondere weil eine Personalstelle reduziert wurde; vgl. Kapitel 2.3.2) erlebte das Stammpersonal im Wohnheim als Klarstellung, dass die Institution selbst auch bei maximaler Nutzung anderer Anbieter über das Persönliche Budget erhalten bleiben solle und keine weiteren Mitarbeiterstellen gefährdet seien. Dies milderte ihre Sorge um den eigenen Arbeitsplatz und steigerte zugleich die Bereitschaft, mit externen Diensten zu kooperieren.

> MA: [...] *Also, es ist ... war schon sehr beruhigend zu wissen, es bleibt soviel im Haus, dass das Haus auch bestehen bleiben kann und [...] es tangiert unsere Arbeitsplätze hier nicht [...].* (MA 03 Int[06], 709-711)

Allerdings nahm das Heimpersonal weiterhin grundsätzlich die Aufgabe, die Budgetnehmerinnen und Budgetnehmer auch zum externen Mitteleinsatz zu beraten und zu informieren, als strukturellen Schwachpunkt des Modellversuchs wahr. Ihr grundsätzliches Unbehagen blieb: *„Es ist schade, wenn die Institution darauf achten muss, Gelder im Haus zu behalten. Das geht der Idee, finde ich, konträr"* (MA 04 Int[06], 265-267).

In diesem Zusammenhang forderten einige Mitarbeiterinnen und Mitarbeiter eine neutrale Budgetberatung. Diese müsse aber verglichen mit dem Angebot des Café 3b (vgl. Kapitel 2.3.4) für die Bewohnerinnen und Bewohner des Wohnheims zugänglicher und niedrigschwelliger werden.

Zudem erlebte das Wohnheimpersonal sein Engagement in Beratung und Regieaufgaben im Kontext des Persönlichen Budgets als enorm arbeitsaufwändig. Meist seien intensive Information, Aktivierung und Vorbereitung notwendig, um den Mitteleinsatz zu planen, Dienstleister ausfindig zu machen, Kontakte zu knüpfen und Termine zu organisieren. Im Vergleich zum Sachleistungssystem stellte dies aus Personalperspektive eine deutliche Mehrbelastung dar.

4.6.5 Konkurrenz und Ungleichheit

Vereinzelt wurde die Befürchtung laut, langfristig könne die freie Wahl der unterstützenden Personen aus den Reihen des Personals das Arbeitsklima im Wohnheim negativ beeinflussen. Weil mit dem Persönlichen Budget transparenter werde, welche Mitarbeiterinnen und Mitarbeiter für Eins-zu-eins-Unterstützungen bevorzugt „gebucht" werden, seien Arbeitsaufgaben ungleich verteilt, was zu einer Art von Konkurrenzsituation innerhalb der Mitarbeiterschaft führe. Man sorgte sich zugleich, dass einige Mitarbeiterinnen und Mitarbeiter „*nur noch PerLe machen*", also die Bewohnerinnen und Bewohner fast ausschließlich bei Aktivitäten im Freizeitbereich begleiteten, während andere die Basisversorgung im Wohnheim zu leisten hätten:

MA: *Ich hab so ein bisschen die Befürchtung, dass wir untereinander da sehr manchmal aneinander geraten könnten, weil ist schon ein explosiver Stoff dann irgendwie. Also, wenn man mit einem Haufen voller Arbeit zurückbleibt, den man fast nicht schaffen kann, geht das schneller, dass man dann auch denkt: ‚Musste das jetzt eigentlich so sein?'* (lacht) (MA 08 Int^{06}, 142)

Der neue Dienstleistungscharakter der Tätigkeit, der eine stärkere Position der Menschen mit Behinderung beinhaltet, sorgt also das Personal nicht nur wegen möglicher Einflüsse auf die Arbeitsplatzsicherheit oder die Qualität der erbrachten Leistung, sondern man sieht auch kommen, dass eine neue Form der Kollegialität und Konkurrenz untereinander möglich und nötig werde.

4.6.6 Bürokratischer Aufwand

Die praktische Umsetzung des Persönlichen Budgets bringt dem Personal seiner Meinung nach zusätzliche Dokumentationsaufgaben: *„Es ist natürlich inzwischen alles sehr bürokratisch und mit sehr viel Aufwand verbunden. Halt mit viel mehr Abrechnungen, die Dinge halt immer einzutragen"* (MA 12 Int^{06}, 50). Verglichen mit dem Nachweis interner Leistungen (durch Mitarbeiterinnen und Mitarbeiter des Wohnheims) wurde die Mühe, externe Dienstleistungen zu dokumentieren, als weniger aufwändig eingeschätzt:

Bei Leistungen anderer Anbieter seien lediglich die eingehenden Rechnungen (evtl. in Absprache mit den Nutzerinnen und Nutzern und den jeweiligen Bezugsmitarbeitern) zu prüfen, insbesondere unter dem Aspekt, ob die Leistungen tatsächlich erbracht wurden; dann müssten sie in das personenbezogene Dokumentationssystem eingetragen und entsprechend abgerechnet werden. Die Schwierigkeiten bei internen Leistungen liege hingegen darin, geplante Unterstützungsleistungen und gewünschte Aktivitäten mit dem jeweils noch verfügbaren Geld- bzw. Zeitbudget der einzelnen Bewohnerinnen und Bewohner abzustimmen: *„Also, da muss man doch noch mal viel überlegen, kann der sich das noch leisten? [...] Was hat derjenige jetzt verbucht und wer hat vielleicht noch Kapazitäten noch frei?"* (MA 10 Int^{06}, 223). Dabei sei stets zwischen „Grundbetreuung" und Persönlichem Budget zu trennen: Zählten die gewünschten Leistungen zum Bereich Persönliches Budget, müsse man diese, nachdem die Leistung erbracht ist, durch Rechnungsstellung nachweisen. Darin wird eine potenzielle Fehlerquelle gesehen, denn im Arbeitsalltag werde ein konsequenter Nachweis der erbrachten Leistungen leicht vernachlässigt, was sich aber wesentlich auf die gesamte Leistungsplanung und Legitimation der eigenen Arbeit auswirken könne: *"Wenn wir vergessen, unsere eigene Abrechnung zu machen, dann schießen wir uns damit ja in beide Füße. Und das ist auf alle Fälle noch gar nicht ausgefeilt"* (MA 12 Int^{06}, 50).

Die erforderliche Dokumentation hemmt aus Personalsicht spontane Aktivitäten, denn zunächst müsse man für die einzelnen Bewohnerinnen und Bewohner ja prüfen, ob ihr Persönliches Budget aktuell in Zuschnitt und Umfang die Investition decke: *"Als Mitarbeiter ist man oft in der Bredouille zu sagen: ‚Kann ich das mit demjenigen jetzt eigentlich so spontan machen? Ist das jetzt Persönliches Budget oder gehört das jetzt hier zur Grundbetreuung mit dazu?'"* (MA 10 Int^{06}, 223).

Die notwendige umfassendere Leistungsdokumentation wird aber nicht vom gesamten Personal ausschließlich negativ erlebt. Neben einer größeren Handlungssicherheit und höheren Wahrscheinlichkeit, Leistungen passgenau zuzuschneiden – so äußert man –, sei mit dem Dokumentationssystem auch der Vorteil verbunden, eine direktere Rückmeldung zur geleisteten Arbeit zu erhalten, was zur Arbeitszufriedenheit beitrage:

> MA: *Das klingt jetzt paradox, aber dadurch, dass es überprüfbarer wird, dadurch dass es natürlich auch bürokratischer geworden ist, dass man halt alles mehr verschriftlicht, sieht man natürlich auch, was man alles tut. Oder noch mal anders. Also man kann auch noch mehr Zufriedenheit daraus schöpfen, so. Weil es ja sozusagen ja auch noch mal plastischer geworden ist […].* (MA 12 Int^{06}, 121)

4.6.7 Berufsbild und Selbstverständnis

In ihrem professionellen Selbstverständnis muss das Wohnheimpersonal im Kontext des Persönlichen Budgets umdenken, weil es dem traditionellen Tätigkeitsbild in einer stationären Wohneinrichtung und der (sozial-)pädagogischen Grundhaltung in vielen Punkten entgegensteht. Dies gilt insbesondere für Vorstellungen von einer ganzheitlichen Pädagogik und Unterstützung.

> MA: *Das Berufsbild, finde ich, ändert sich total. Also, das ist was komplett anderes, als ich gelernt habe in der Erzieherausbildung. An manchen Stellen find' ich sogar, es ist fast gegensätzlich. Also nicht, dass wir nicht auch gelernt hätten, individuell zu gucken: Was möchte jemand und ne? Weil früher hieß das: Man holt jemanden da ab, wo er steht und guckt, ne? Das ist ja nach wie vor richtig, aber einen Menschen in Zeiteinheiten zu zerstückeln, also das ist zum Beispiel was, was Neuland ist.*

4.6 Wirkungen auf die Arbeit des Wohnheimpersonals 111

I: *Menschen Bewohner oder Menschen Mitarbeiter?*
MA: *Äh, beides würde ich mal sagen* (lacht). *Aber jetzt in der Rolle als, als professionell Arbeitender würde ich mal sagen: Das war immer als Ganzheit und Einheit zu sehen, dass man Menschen betreut und in allen ihren Lebensbereichen. Und das ist schon ein großer Unterschied.* (MA 08 Int^{06}, 154-156)

Die Abkehr von einer Rundum-Betreuung im Heimbereich hin zu einer personenbezogenen Unterstützung, die sich nach Zeit- oder Geldeinheiten bemisst, wird von einzelnen Mitarbeiterinnen und Mitarbeitern auch kritisch betrachtet, weil es mit dem stationären Angebot nicht harmoniere:

MA: *Na ja, wenn es um Freizeitaktivitäten geht, also so Sachen, wenn das Wetter schön ist, und jemand hat sein Budget schon aufgebraucht: Gehen wir dann trotzdem spazieren? Und das ist was, was auch an dem Selbstverständnis knabbert, was Mitarbeiter in einem Heimbereich haben. Das war bei uns auch so ganz stark. Wir haben doch immer eine All-inclusive-Betreuung gemacht. Und da sind wir doch immer gut mit gefahren und immer haben wir, sind wir allen gerecht geworden. Und jetzt muss ich plötzlich abrechnen? Jetzt muss ich mir plötzlich Gedanken darüber machen, dass jemand seine Stunden schon aufgebraucht hat, sein Geld schon aufgebraucht hat, das kann es doch nicht sein.* (MA 11 Int^{06}, 168)

Die Mehrheit der Professionellen erlebt die mit dem Persönlichen Budget einhergehenden Entwicklungen und Veränderungen nach anfänglichen Bedenken und hoher Belastung inzwischen dennoch eher als guten Anreiz, denn als Bedrohung für die eigene Arbeit: *„Es ist eigentlich eine positive Herausforderung. Also am Anfang war es eher eine Belastung, weil's einfach zu viel Neues auf einmal war"* (MA 01 Int^{06}, 625). Gerade die Umstellungsprozesse und notwendigen Anpassungen in der Anfangsphase des Modellversuchs wurden zunächst als verunsichernd und belastend beschrieben: *„Man muss sich ja schon auch immer wieder auseinandersetzen, wie kann man es jetzt noch anders machen oder was kann, was muss noch anders, damit es besser passt. Weil es ist ja immer alles neu oder ganz viel noch. So, und manchmal sehnt man sich einfach, gerade wenn man müde ist oder schlapp ist, nach so einem stückweit Routine"* (MA 12 Int^{06}, 127).

Von einigen wurde auch grundsätzlich eine potenzielle Gefährdung des eigenen Arbeitsplatzes durch das Persönliche Budget gesehen, sodass dessen Einführung im Wohnheim mit der Sorge verbunden war, den Arbeitsplatz zu verlieren: *„Das ist ein Bedrohung, das macht Druck. […] Im Grunde genommen ist es ganz klar, das Geld geht nach außen und das fehlt euch dann und dann müsst ihr gucken, wie das kompensiert wird. Also, es fällt 'ne viertel Stelle oder 'ne halbe*

Stelle, je nachdem wie viel nach außen gegangen ist, wird wegfallen" (MA 02 Int[06], 479-483). Feste Arbeitsverträge und das Vertrauen in den Einrichtungsträger als Arbeitgeber minimierten diese Sorge jedoch bei der Mehrheit des Personals: *„Als bedrohlich würde ich es empfinden, wenn das Budget nach oben hin offen wäre* [...]. *Bedrohlich insofern, als man dann im Grunde keine fixen Arbeitsverträge oder so mehr machen könnte, was mich jetzt nicht betrifft. Ich hab seit dreißig Jahren einen unbefristeten Vertrag"* (MA 05 Int[06], 252).

Zudem machten die meisten Befragten deutlich, dass differenziert werden müsse zwischen den unmittelbaren Folgen des Persönlichen Budgets und den zeitgleich mit seiner Einführung stattgefundenen Veränderungen, wie z.b. der Umstellung der Finanzierungspraxis auf leistungsgerechte Entgelte im Jahre 2003 (vgl. Kap. 2.2.2), welche zu einer Reduktion der Personalstellen im Wohnheim geführt hatte.

> MA: *Also es hat auch häufig an uns genagt, aber das lag an anderen Stellen, weil das Persönliche Budget kam ja zeitgleich sozusagen mit der Umstellung der Entgelte. Und das hat uns sozusagen noch mal personell sehr verändert, also die Ressourcen sind da sehr geschrumpft. Und das alles immer wieder im Kopf auseinander zu kriegen, dass das Persönliche Budget nicht* (lacht), *nicht die Bedrohung ist, so. Aber es kam halt alles zusammen.* (MA 12 Int[06], 131)

Insgesamt sah die überwiegende Zahl der Mitarbeitenden – trotz der erlebten Umstellungs- und Anpassungsprozesse und der Arbeitsplatzsorge – das Persönliche Budget als Impulsgeber zur Weiterentwicklung des Arbeitsbereichs und der eigenen Tätigkeit: *„Dafür bin ich zu sehr interessiert an diesem Thema Verselbständigung und dann muss ich da eben auch ein paar Kröten schlucken oder mit ein paar Ängsten mehr leben"* (MA 04 Int[06], 382).

Während manche mit dem Persönlichen Budget die Sorge verbanden, dass das Betätigungsfeld unattraktiver werden könnte (*„nur noch Grundversorgung machen"*), nehmen andere Nachteile bewusst in Kauf, weil sie auch Vorteile eines breiteren und interessanteren Berufsspektrums sehen: *„Vielleicht will ich ja auch selber mal Anbieter werden. Das bietet ja auch noch mal so ganz neue Berufsfelder auf"* (MA 09 Int[06], 118).

Insgesamt betrachten die Mitarbeiterinnen und Mitarbeiter das Persönliche Budget inzwischen als festen Bestandteil ihrer Arbeit und äußern als Gesamtfazit, *„dass wir uns ein Arbeiten ohne das Persönliche Budget nicht mehr vorstellen können, dass das sehr in unseren Arbeitsalltag integriert ist [...]"* (MA 11 Int[06], 156).

5 Einzelfallanalysen

Die in Kapitel 4 dargestellten Auswertungsergebnisse fokussieren, wie unterschiedlich das Persönliche Budget generell umgesetzt wird und sich auf die Lebenssituation der Nutzerinnen und Nutzer, aber auch die Arbeitssituation des Wohnheimpersonals auswirkt. In den folgenden drei Fallstudien werden nun exemplarisch detaillierte und individualisierte Aspekte unter die Lupe genommen:

- Informationen aus den verschiedenen Quellen bezogen auf Einzelfälle betrachtet,
- qualitative und quantitative Daten im Auswertungsprozess in Beziehung gesetzt,
- Entwicklungen stärker im Längsschnitt verfolgt und damit
- Wirkungsaspekte des Persönlichen Budgets multiperspektivisch auf eine jeweils spezifische Lebenssituation im stationären Wohnbereich bezogen eingeschätzt.

Da – wie dargelegt – davon auszugehen ist, dass ein komplexes Beziehungsgefüge aus personen- und kontextbezogenen Faktoren (Kenntnisse und Kompetenzen, soziale Unterstützung, Lebensziele usw.) Einfluss auf die Wirkungen des Persönlichen Budgets nimmt, müssen diese Faktoren auch in ihrer Komplexität abgebildet und untersucht werden.

Jede Fallstudie beginnt mit Hintergrundinformationen zur Lebenssituation und biografischen Aspekten sowie zu Kompetenzen und Unterstützungsbedarfen der jeweiligen Budgetnehmerin bzw. des Budgetnehmers. Darauf aufbauend werden folgende Ergebnisse dargestellt:

- Motive, das Persönliche Budget in Anspruch zu nehmen, und damit verbundene Erwartungen,
- budgetbezogene Kenntnisse und Kompetenzen, Budgetberatung und -unterstützung,

- Budgetverwendung,
- Bewertung des Persönlichen Budgets.

Auf einer übergreifenden Ebene richtet sich die Analyse danach zu erkennen, welchen Stellenwert und welche Funktion das Persönliche Budget im spezifischen Lebenskontext einer Person einnimmt, sowie im Einzelfall zu identifizieren, welche Faktoren zu Erfolg bzw. Misserfolg bei der Budgetnutzung führen können.

5.1 „Das Persönliche Budget, ja also, das hat mir sehr viel gebracht" – Sonja Zossen

Mit der als Sonja Zossen vorgestellten Nutzerin wird ein Budgetnehmertyp beschrieben mit hohem Unterstützungsbedarf im Alltag, aber auch beim Einsatz des Persönlichen Budgets. Sie setzt die verfügbaren Summen rege und nachhaltig ein; sie selbst, aber auch ihre Bezugsmitarbeiterin bestätigen, dass die Geldleistung ihr mehr Teilhabe am Leben in der Gesellschaft gebracht habe (z.B. durch aktive Freizeitgestaltung), aber auch Gewinne bei der Selbstbefähigung und dem Selbstwertgefühl (durch die Steuerung eigener Aktivitäten und durch neue Handlungsspielräume).

5.1.1 Lebenssituation, Kompetenzen und Unterstützungsbedarfe

Frau Zossen ist zum Zeitpunkt des ersten Interviews 42 Jahre alt. Sie ist mit ca. 30 Jahren aus dem elterlichen Haushalt ausgezogen, zunächst in ein Wohnheim in Bayern. Nach ihrem Wechsel in eine Bielefelder Einrichtung lebt sie nun seit drei Jahren in dem jetzigen Wohnheim. Dort bewohnt sie ein Einzelzimmer (mit angeschlossenem Badezimmer) in einer Wohngruppe. Sie teilt sich mit drei Mitbewohnern und Mitbewohnerinnen eine Wohnküche und den gemeinsamen Wohnbereich. Frau Zossen arbeitet in einer Werkstatt für behinderte Menschen in der Montageabteilung.

Aufgrund ihrer körperlichen Beeinträchtigung ist Frau Zossen auf einen Rollstuhl angewiesen und benötigt in vielen Bereichen des Alltags umfangreiche Unterstützung: Dies beginnt bei der Mobilität, dem morgendlichen Aufstehen aus dem Bett und Ins-Bett-Gehen (mit Hilfe eines Lifters). Auch beim An- und Ausziehen, der Körperpflege und bei allen feinmotorischen Tätigkeiten ist sie auf Assistenz angewiesen. Dies gilt auch für das Essen (das Vorbereiten, das Schneiden und Zerkleinern der Nahrung und das Abräumen). Allgemeine Grundnahrungsmittel und vorbereitete Warmmahlzeiten (an arbeitsfreien Tagen) werden für Frau Zossen geliefert. Mit den anderen Mitgliedern der Wohngruppe kocht sie auch gerne gelegentlich selbst, benötigt dabei aber praktische Assistenz. In der Wohnung und dem Wohnheim ist Frau Zossen mit ihrem Elektro-Rollstuhl mobil, bei allen anderen Wegen aber auf Begleitung bzw. Transport angewiesen. Dinge des persönlichen Bedarfs kauft sie mit personeller Unterstützung ein, da sie sich im Verkehr unsicher fühlt und befürchtet, in engen Geschäften mit dem Rollstuhl nicht zurechtzukommen. Darüber hinaus möchte sie beim Preis- und Qualitätsvergleich beraten werden. Frau Zossen ist an Freizeitaktivitäten sehr interessiert: Sie geht gerne schwimmen, ins Kino oder mit anderen Menschen aus, besucht Konzerte, nimmt an Ausflügen und Reisen teil etc. Auch dabei benötigt sie aufgrund ihrer Mobilitätseinschränkung in der Regel Transfer und Begleitung.

Ihre Wäsche wird zum Teil in der einrichtungseigenen Wäscherei gewaschen, zum Teil im Wohnheim mit ihrer Beteiligung. Das Zimmer und Badezimmer räumt Frau Zossen zu verabredeten Terminen mit Assistenz einer Mitarbeiterin auf, den Boden reinigt eine Reinigungskraft. Frau Zossen übernimmt Aufgaben im Rahmen ihrer Möglichkeiten, d.h. sie räumt Dinge weg, an die sie aus dem Rollstuhl heranreicht, bzw. wischt dort auch Staub usw. Nach eigenen Aussagen ist Frau Zossen ordnungsliebend und erläutert dem Personal, was aufgeräumt werden soll.

Frau Zossen sagt, sie habe keine engeren Freunde im Wohnheim, komme aber mit den Mitbewohnerinnen und Mitbewohnern gut aus. Sie pflegt Kontakt zu ihrer Mutter und einer Schwester, die in der Nähe wohnen. Zu einem weiter entfernt lebenden Freund hält sie engen Telefonkontakt. In der Werkstatt arbeitet sie gerne, jedoch beklagt sie, dass es dort häufiger zu Konflikten komme. Um psychische Probleme zu bewältigen und Strategien zur Konfliktlösung zu entwickeln, wird sie durch eine Therapeutin unterstützt. Auch habe sie gelernt, mit dem Wohnheimpersonal über Probleme zu reden. Aus Sicht der Mitarbeiterinnen und Mitarbeiter liegen ihre Stärken insbesondere in ihrem „eigenen Willen" und ihrer Durchsetzungsfähigkeit.

Im Gespräch kann Frau Zossen sich inhaltlich gut ausdrücken, ist aber aufgrund ihrer beeinträchtigten Artikulation für nicht mit ihr vertraute Personen z.T. schwer zu verstehen; wenn Kommunikationspartner häufiger mit ihr in Kontakt sind, verringert sich diese Verständigungsschwelle. Frau Zossen kann nicht lesen und schreiben, daher müssen ihr Schriftstücke vorgelesen bzw. für sie nach Diktat geschrieben werden. Schwierigkeiten hat Frau Zossen im Umgang mit Geld, sie hat deswegen eine gesetzliche Betreuerin in Vermögensfragen.

Frau Zossen wünscht sich „*mehr Zeit von den Mitarbeitern*" (BN 10 Int[03], 20, 5) und im Alltag selbstständiger und unabhängiger zu werden; dies ist nach Aussage der Bezugsmitarbeiterin auch der gegenwärtige Schwerpunkt der Unterstützung von Frau Zossen.

5.1.2 Motive zur Inanspruchnahme des Persönlichen Budgets und Erwartungen

Vor Beginn des Modellversuchs 2003 konnte Frau Zossen keine konkreten an den Modellversuch gerichteten Erwartungen benennen, sie befürchtete aber, „*dass ich das zu schnell ausgebe*" (BN 10 Int[03], 20, 30). Im späteren Interview 2005 gibt die Budgetnehmerin an, deswegen bei PerLe mitzumachen, weil sie mit dem Persönlichen Budget mehr außerhalb des Wohnheims unternehmen könne.

I: *Und warum haben Sie sich entschieden, das Persönliche Budget mal auszuprobieren?*
BN: *Weil ich anders nicht rauskomme.*
I: *Weil Sie anders nicht rauskommen? Mh .. gab es denn/*
BN: *Ich mein, Sie verstehen Sie, was ich sag'? Damals haben wir das auch gemacht. Aber die haben so viel, viel Leute abgebaut, Personal, dass die das nicht mehr können.*
I: *Ah ja, dass hier also die Mitarbeiter nicht mehr so viel Zeit haben?*
BN: *Verstehen Sie das bitte jetzt nicht falsch!*
I: *Nee, nee, das versteh' ich schon richtig.*
BN: *Sie machen auch was mit uns. Aber da muss 'ne Perso/ das wird dann mit den, mit den Dienstplan wird das denn eng [...]*. (BN 10 Int[05], 23-38)

Auch die Bezugsmitarbeiterin sieht mit dem Persönlichen Budget wachsende Chancen für Frau Zossen „*häufiger Außenaktivitäten*" zu realisieren und so „*mehr Kontakte außerhalb*" (MA Ass[03], 9, 4) knüpfen zu können. Allerdings seien ihre Probleme im Umgang mit Geld bei der Umsetzung des Persönlichen Budgets hinderlich.

5.1.3 Umsetzungsrelevante Kenntnisse und Kompetenzen, Budgetberatung und -unterstützung

In den Interviews mit Frau Zossen wird an vielen Stellen deutlich, dass die Budgetnehmerin über ein „praktisches Verständnis" des Persönlichen Budgets verfügt, das mit seiner konkreten Verwendung zusammenhängt. Im Interview 2005 geht die Nutzerin explizit auf die Möglichkeit ein, das Persönliche Budget sowohl innerhalb des Wohnheims als auch für extern organisierte Unterstützung einsetzen zu können: „*Das wird aufgeteilt, das einmal Haus und einmal draußen*" (BN 10 Int^{05}, 130-132).

Im Interview ein Jahr später betitelt sie das Persönliche Budget als „*reines Freizeitgeld*" (BN 10 Int^{06}, 8), da dies für sie der hauptsächliche Verwendungszweck des Budgets ist. Nach konkreten Umsetzungsschritten bei der Unterstützungsorganisation gefragt, spricht Frau Zossen alltagspraktisch aus ihrer Sicht zentrale Punkte an, beispielsweise wie man sich mit Assistenten abstimmt, insbesondere wenn eine Aktivität abends stattfindet – also außerhalb der Hauptdienstzeit des Wohnheimpersonals.

> BN: [...] *Also, ich muss das fragen, wenn's länger dauert. Ich muss, ich muss einen haben, der da bereit ist mitzumachen. Also, ich geh', ich muss einen haben, der mich ins Bett bringt. Das sind die drei Sachen.* (BN 10 Int^{05}, 293-302)

Frau Zossen konnte weder im Interview 2005 noch im Interview 2006 ihre genaue Budgethöhe nennen, weiß aber, dass sie „*die höchste Stufe*" (BN 10 Int^{05}, 224) bekommt. Die Kosten für Unterstützungsleistungen gibt sie mit einem konkreten Betrag an („*25 Euro*").

Das Finanzmanagement ihres Persönlichen Budgets hat von Beginn des Modellversuchs an das Wohnheimpersonal übernommen, da Frau Zossen Schwierigkeiten im Umgang mit Geld hat. Hiermit ist die Budgetnehmerin einverstanden und hält diese Regelung auch selbst für unabdingbar:

> I: *Bekommen Sie das Persönliche Budget ausbezahlt?*
> BN: *Das kann man machen, wenn man mit Geld zurechtkommt. Aber ich bin nicht so fit.*
> I: *Das heißt, wer hat das Persönliche Budget?*
> BN: *Die Mitarbeiter. (BN 10 Int^{05}, 241-244)*

Besonders nach Neuzuschnitt des Modellversuchs bemühen sich die Mitarbeiterinnen und Mitarbeiter sehr, sie trotz des fehlenden Verständnisses für den Wert von Geld an der Verwaltung und Organisation ihres Budgets so weit wie möglich konkret zu beteiligen.

> MA: *Sie ist natürlich über die Höhe informiert, sie hat ja auch jeden Monat ihren Abrechnungsbogen. Sie kann gut unterscheiden, ob die Zahlen rot oder grün sind, ob sie noch Guthaben hat oder ob sie halt auch ins Minus gegangen ist. Es ist jetzt nicht so, dass sie mit Geld, diesen Geldwert so erfassen kann.* (MA 10 Int[06], 133)

Wenn Frau Zossen externe Angebote nutzt, rechnen dies die Mitarbeiterinnen und Mitarbeiter des Wohnheims für sie ab auf der Basis der Rechnungen, die die externen Leistungsanbieter gestellt haben. Die Budgetnehmerin bestätigt lediglich gegenüber dem Dienstleister, dass die Leistung erbracht wurde: *„Der hat so'n Plan, das muss dann jedes Mal unterschreiben, und dann wird das davon abgezogen"* (BN 10 Int[06], 122-126).

Zur Budgetplanung vereinbart Frau Zossen mit ihrer Bezugsmitarbeiterin gesonderte „Budgetassistenz-Zeiten" (die auch über das Persönliche Budget abgerechnet werden). Bei diesen Treffen überlegen sie gemeinsam, wofür Frau Zossen ihr Budget einsetzen möchte und welche Aktivitäten sie sich im jeweiligen Monat leisten kann. Es werden auch konkrete Absprachen getroffen:

> I: *Wenn sie jetzt da irgendwas verabreden will, dann ruft sie dann schon selber an oder übernehmen Sie die Terminabsprachen?*
> MA: *In dieser Budgetassistenz sagt sie mir dann halt, dass sie eben halt ins Kino gehen möchte. Und dann gucken wir halt, und wenn sie sagt, sie möchte das mit Herrn Soundso eben machen, dann wähl' ich die Nummer, und sie nimmt dann den Hörer halt und spricht mit diesem Termine auch ab und sagt dann: ‚Ich möchte gern an dem und dem Wochenende, wie sieht es bei dir aus, ist egal Samstag oder Sonntag.' Sie ist dann sehr aufgeregt halt, aber diese Terminabsprache läuft dann über sie. Diese vorbereitenden Sachen gucken wir zusammen halt auch, ob Geld genug da ist in diesem Monat. […]* (MA 10 Int[06], 130-141)

Der Interviewausschnitt verdeutlicht, wie auch bei der Budgetunterstützung darauf geachtet wird, Frau Zossen die Initiative und die Kommunikation mit dem externen Leistungsanbieter möglichst selbst zu überlassen. Die Bezugsmitarbeiterin hilft insbesondere in der Phase der Vorbereitung und kontrolliert, dass das Budget nicht überzogen wird.

Frau Zossen erhält hauptsächlich durch ihre Bezugsmitarbeiterin Budgetassistenz. Darüber hinaus kennt sie das Café 3b als zentrale Anlaufstelle für Fragen zum Persönlichen Budget. Sie weiß, dass sie dort grundlegend informiert wird, sich dort aber auch beschweren könnte, wenn sie unzufrieden ist. Sie hat diese Möglichkeiten aber noch nicht in Anspruch genommen.

> I: [...] *Gäb's denn 'ne Möglichkeit, dass Sie sich irgendwie beschweren können dann, wenn was nicht in Ordnung ist?*
> BN: *Dafür ham wir Café 3b.* [...] *Da ist der, der so genannte Ansprechpartner, Ansprechstelle.*
> I: *Für das Persönliche Budget? Ah ja .. Und wobei helfen die einem?*
> BN: *Ähm, bei, da können Sie sich auch Informationen holen. Dass man mal, ich hab' das aber noch nie gebraucht, weil ich es meistens selber organisiere. Aber wir haben offiziell das Café 3b.* (BN 10 Int^{05}, 317-320)

Die Bezugsmitarbeiterin gibt im Interview 2006 an, dass die Budgetassistenz nach Wunsch der Nutzerin gestaltet ist:

> MA: *Sie hat sich das aber auch so gewünscht. Es ging darum, die Budgetassistenz an das Café 3b zu vergeben, und aber sie hat ganz klar gesagt, sie möchte das gerne mit einem von uns machen.* (MA 10 Int^{06}, 59).

Die mit Frau Zossen fest vereinbarte Zeit zur Budgetberatung führe zu einer strukturierten, verlässlichen Planung:

> MA: *Das ist immer dieser rote Faden* [...], *dass klar ist, da gibt es einen Ort für und der wird auch abgerechnet und der gehört zu ihrem Hilfebedarf dazu, das weiß sie auch, und sie zerfleddert sich dann nicht in tausend kleinen Terminen. (MA 10 Int^{06}, 175)*

5.1.4 Budgetverwendung

Frau Zossen ist dem Leistungstyp 12 und der Hilfebedarfsgruppe 2 zugeordnet[16] und erhielt deswegen in der ersten Modellphase ein Budget in Höhe von 622 Euro.

Im Zeitraum von Juni 2004 bis April 2005 setzte Frau Zossen mit ca. 58 % einen größeren Teil ihres Persönlichen Budgets um. Dies entspricht einer durchschnittlichen Ausgabe von 364 Euro pro Monat. Ein Drittel des Budgets verwendete sie für interne, zwei Drittel für externe Leistungen. Im Längsschnitt sind erhebliche Schwankungen der monatlichen Budgetausgaben erkennbar (vgl.

---

16 Vgl. zur nordrhein-westfälischen Leistungssystematik Kap. 2.2.2.

Abbildung 25). Diese zeigen sich vor allem bei der externen Budgetverwendung, während die internen Budgetausgaben deutlich konstanter bleiben.

Abbildung 25: Interne und externe Budgetausgaben von Frau Zossen in der ersten Modellphase (in absoluten Zahlen)

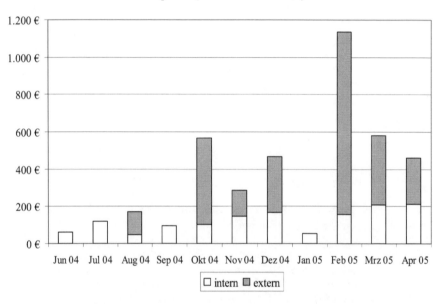

Intern kam das Budget überwiegend im Freizeitbereich zum Einsatz und bei der Teilhabe an kulturellen Veranstaltungen: *„Ich benutz' das viel am Wochenende"* (BN 10 Int^{05}, 192). Die Nutzerin finanzierte beispielsweise Begleitung bzw. Assistenz beim Essen- oder Spazierengehen und Stadtbummel, Einkaufen, Schwimmen, Besuch von Konzerten und Verwandten. Diese Assistenz erfolgte in etwa zu gleichen Teilen als Eins-zu-eins-Unterstützung oder Gruppenaktivität. Die externen Mittel wurden für die individuelle Begleitung durch einen Familienunterstützenden Dienst eingesetzt: *„Ich hab' einen an der Hand, der macht das gern"* (BN 10 Int^{05}, 284). Der zeitliche Umfang an externer Unterstützung variierte von Monat zu Monat erheblich (zwischen 4 und 31 Stunden).

Tabelle 17 gibt die Budgetausgaben von Frau Zossen für einen exemplarischen Monat (Dezember 2004) wieder.

Tabelle 17: Aktivitäten und Budgetausgaben von Frau Zossen
(Beispielmonat Dezember 2004)

Aktivität/Leistung	Dauer in Std.	intern/ extern	Kosten
Schwimmen (gemeinsam mit drei anderen BN)	2,0	intern	12,50 €
Einkaufen (gemeinsam mit einer weiteren BN)	0,5	intern	6,25 €
Besuch des Weihnachtsmarkts (gemeinsam mit fünf anderen BN)	3,0	intern	12,50 €
Spaziergang	0,5	intern	12,50 €
PerLe-Fortbildung (gemeinsam mit fünf anderen BN)	2,5	intern	6,25 €
Planung Konzertbesuch	0,5	intern	12,50 €
Besuch bei Verwandten (inkl. Vorbereitung)	1,0	intern	25,00 €
Konzertbesuch	2,0	intern	50,00 €
Gemeinschaftsspiel (gemeinsam mit drei anderen BN)	1,0	intern	6,25 €
Taxifahrt		Taxi-Unternehmen	21,80 €
Begleitung	6,0	FUD	186,00 €
Besuch eines Geschäfts (gemeinsam mit einer anderen BN)	1,5	intern	18,75 €
Silvesterparty (gemeinsam mit zehn anderen BN)	3,5	intern	7,95 €
2 x Rollstuhltransport		Johanniter	90,00 €
Gesamt	**23,0**		**468,25 €**

Auffällig ist, dass Frau Zossen sowohl interne als auch externe Leistungen in Anspruch nimmt und einen Mix aus Einzel- und Gruppenaktivitäten über das Persönliche Budget finanziert.

In der zweiten Modellphase beträgt das Persönliche Budget von Frau Zossen 155 Euro. Sie setzt nun ihre gesamten verfügbaren Mittel ein bzw. überschreitet ihr Budget sogar leicht (auf 102 %, was einem monatlichen Einsatz von 159 € entspricht). Interessant ist, wie sich die intern und extern genutzten Leistungen im Vergleich zur ersten Phase entwickeln: Jetzt sind es 79 % interne und

21 % externe Investitionen. Umgerechnet kauft Frau Zossen im Durchschnitt pro Monat ca. fünf Stunden direkte Unterstützung (eins zu eins) durch Wohnheimpersonal ein. Extern nutzt sie denselben Familienunterstützenden Dienst, der bereits in der ersten Phase für sie tätig war.

Auch in der zweiten Modellphase schwanken die Budgetausgaben relativ stark (vgl. Abbildung 26).

Abbildung 26: Interne und externe Budgetausgaben von Frau Zossen in der zweiten Modellphase (in absoluten Zahlen)

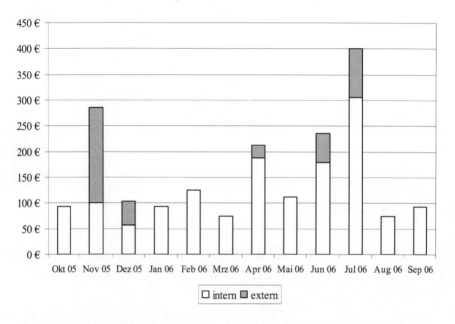

Intern investiert Frau Zossen vor allem in regelmäßige Aktivitäten wie das wöchentliche Schwimmen und Kochenlernen, manchmal besucht sie auch Konzerte.

> MA: *Weil aufbauend auf Hilfeplanung war es ihr wichtig, halt auch ein bisschen Mobilität zu erlangen, und da war das Schwimmen halt ganz gut und wichtig für sie, und da legt sie auch viel Wert drauf, dass das wirklich auch wöchentlich stattfindet. Das ist auch eine ganz verlässliche Komponente in ihrem Persönlichen Budget auch.* (MA 10 Int[06], 83)

5.1 „Das Persönliche Budget, ja also, das hat mir sehr viel gebracht" – Sonja Zossen

Alle zwei Wochen leistet die Bezugsmitarbeiterin von Frau Zossen Budgetberatung und -assistenz im zeitlichen Umfang von ca. einer Dreiviertelstunde; diese Regiearbeit wird auch über das Persönliche Budget finanziert. Externe Leistungen betreffen zumeist besondere, nicht alltägliche Aktivitäten, z.B. einen Kinobesuch, Konzertbesuch oder ein Picknick. Da diese Leistungen oft sehr teuer sind, ist nach Aussage der Bezugsmitarbeiterin *„nicht jeden Monat so was dann auch möglich. Sie spart eigentlich oft für große Sachen auch was an, Konzertbesuche, wo man dann wirklich auch oft 'ne Eins-zu-eins-Betreuung [braucht]"* (MA 10 Int^{06}, 37-39).

Frau Zossen legt Wert darauf, dass die externe Assistenz immer durch dieselbe Person erfolgt:

> BN: *Ich hab' ein bisschen Schwierigkeiten, Leute kennen zu lernen. Und, und, und ... da bin ich bisschen komisch drin, geb' ich echt zu.*
> I: *Ja (lacht), aber jetzt ham Sie ja jemanden, ne?*
> BN: *(...) Da bin ich echt komisch drin und, und der kennt mich und ... der weiß auch, was ich will, und ich weiß auch, was er will. Also wir kennen unsere Grenzen.* (BN 10 Int^{06}, 147-153)

Mit dieser personellen Unterstützung ist Frau Zossen zufrieden. Allerdings übernimmt der externe Assistent nach abendlichen Aktivitäten nicht die notwendigen pflegerischen Leistungen und das Zu-Bett-Bringen:

> BN: *Dann wird der stundenweise bezahlt, der bringt mich/ .. Also, der macht alles mit mir. Aber der Nachteil, der bringt mich nicht ins Bett.*
> I: *Der bringt Sie nicht ins Bett?*
> BN: *Nee.*
> I: *Da brauchen Sie dann also immer jemanden hier vom Wohnheim, der ihnen da noch hilft?*
> BN: *Jaja.*
> I: *Ah ja.*
> BN: *Das ist der einzige Nachteil. .. Aber sonst macht er eigentlich alles mit mir.* (BN 10 Int^{06}, 98-104)

Als Honorarkraft in nebenberuflicher Tätigkeit kommt der Assistent des externen Anbieters ohne spezifische Fachqualifikation hier vielleicht an seine Grenzen. Dies führt für Frau Zossen allerdings außerhalb des Rahmendienstplans im Wohnheim zu Folgekosten für die Unterstützung innerhalb der Wohnung, die ihr Persönliches Budget zusätzlich belasten.

Abbildung 27 stellt die Budgetausgaben von Frau Zossen im Vergleich der beiden Modellphasen dar.

Abbildung 27: Frau Zossens Budgetausgaben pro Monat nach Modellphase (in absoluten Zahlen) und differenziert nach intern/extern (in % der jeweiligen Budgetausgaben)

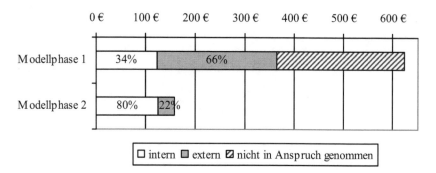

Frau Zossen, die bereits in der ersten Phase ihr Budget von 622 Euro aktiv nutzte und durchschnittlich einen großen Budgetbetrag (364 Euro) ausgab, schöpft nun in der zweiten Phase die gesenkte Budgetsumme von 155 Euro voll aus bzw. überzieht sie sogar leicht (102 %). Dies liegt vor allem am hohen Grad an Eigeninitiative dieser Budgetnehmerin:

> MA: *Sie hat sehr viele Ideen. Sie hat ganz klare Vorstellungen, was sie machen möchte, tritt eben halt mit diesen Vorstellungen auch an mich heran und sagt: ‚Mensch, wie ist das? Ist das möglich, auch vom Geld her?'* (MA 10 Int[06], 57)

Aus Mitarbeitersicht hat das Persönliche Budget inzwischen einen festen Platz im Alltag der Budgetnehmerin eingenommen:

> MA: *Frau Zossen nutzt und plant sehr viel ihr Persönliches Budget jetzt auch so. Sie plant also auch wirklich Dinge ihres täglichen Lebens mit ein, also in Bezug auf Freizeit. Und es ist auch in ihrem Bewusstsein viel stärker jetzt so geworden. Also, sie bespricht es größtenteils mit mir halt auch, von daher erleb' ich es auch so, dass es einen großen Rahmen in ihrem Alltag auch einnimmt.* (MA 10 Int[06], 29-31)

Abbildung 27 veranschaulicht, dass in beiden Phasen des Modellversuchs die interne Leistungsinvestition nahezu identisch bleibt. Die reduzierten Ressourcen der zweiten Phase haben also vorrangig Folgen für den externen Budgetgebrauch (dieser sinkt auf weniger als ein Siebtel verglichen mit der ersten Phase). Sowohl

5.1 „Das Persönliche Budget, ja also, das hat mir sehr viel gebracht" – Sonja Zossen

die Budgetnehmerin als auch ihre Bezugsmitarbeiterin weisen daher darauf hin, dass das Budget nun höher bemessen sein müsste bzw. nicht bedarfsdeckend sei:

> BN: *Ich muss ... auch auf (...), ich hab angewöhnt, ich arbeite doch in der Woche und dann mach' ich das nicht in der Woche, sondern am Wochenende.*
> I: *Am Wochenende. Aber machen Sie das schon irgendwie jedes Wochenende oder?*
> BN: *Nee.*
> I: *Nee?*
> BN: *Das wird mir dann auch zu teuer... So viel Geld hab' ich auch nicht.*
> [...]
> I: *Ja, das heißt also, da sind Sie eher so 'n bisschen vorsichtig? Wie Sie das da einsetzen? ... Ja, aber würden Sie denn schon sagen, dass das Geld ausreicht, um die Unterstützung einzukaufen, die Sie auch gerne hätten?*
> BN: *Nein, das geht äh .. Wenn Sie mich persönlich fragen, das Geld könnte ein bisschen mehr sein.* (BN 10 Int^{06}, 169-170)

Gerade bei den externen, kostenintensiven professionellen Anbietern, muss sich – nach Aussage der Bezugsmitarbeiterin – die Budgetnehmerin nun einschränken:

> MA: *Also, ich denke schon, dass es [das Budget, Anmerk. d. A.] ein bisschen höher sein könnte. Auf jeden Fall. Weil so 'ne Stunde umgerechnet dreißig Euro ist natürlich auch verdammt viel Geld, da muss man ganz schön knapp rechnen einfach auch so. So grad diese ganzen Aktionen, wo sie auch außer Haus was machen kann. Das dauert 'ne Zeit lang, wenn sie z.B. öffentlichen Personennahverkehr nutzt, also sprich mit Straßenbahn fährt. Allein diese Wegestrecke zählt ja auch schon 'ne Stunde, da sind über die Hälfte von ihrem Budget dann auch so verbraucht.* (MA 10 Int^{06}, 148)

Frau Zossen selbst gibt an, sie und ihre Bezugsmitarbeiterin müssten fortwährend darauf achten, den Budgetrahmen nicht zu überschreiten:

> I: *Ja, machen Sie sich denn da auch wirklich Sorgen, dass das Geld nicht ausreichen könnte oder ist das im Moment so okay?*
> BN: *Puh ..., ich bin die einzige, die da drauf aufpasst, ne? Dass ich nicht drüber geh'.*
> I: *Das haben Sie also selber im Blick? Ja?*
> BN: *Mit meiner Betreuerin [...] Wir haben das gemeinsam ... gemeinsam im Blick, und die sagt mir ..., jetzt kannste dir mal was leisten oder kannst dir nix leisten.* (BN 10 Int^{06}, 183-190)

5.1.5 Bewertung des Persönlichen Budgets

Sowohl im Interview 2005 als auch im Interview 2006 bewertet Frau Zossen das Persönliche Budget äußerst positiv. Vor allem empfindet sie mehr Selbstvertrauen und fühlt sich selbstsicherer, weniger ängstlich und offener gegenüber fremden Leuten: *„Das Persönliche Budget, ja also, das hat mir sehr viel gebracht"* (BN 10 Int^{05}, 8). Zudem gibt sie an, durch das Persönliche Budget mehr außerhalb des Wohnheims zu unternehmen: *„Ich bin nicht mehr so ein Stubenhocker"* (BN 10 Int^{06}, 302). Als Beispiel nennt sie den Besuch eines Konzerts:

> I: *Und können Sie jetzt durch das Persönliche Budget Dinge machen, die sie vorher nicht machen konnten?*
> BN: *Ja.*
> I: *Ja, was zum Beispiel?*
> BN: *Ähm, das größte, was ich bisher gemacht hab', Peter Maffay.*
> I: *Zum Peter Maffay-Konzert? Das haben Sie über das Persönliche Budget finanziert?*
> BN: *Aber nicht (...), hier das Haus.*
> I: *Durchs Haus, okay. [...] (BN 10 Int^{05}, 395-401)*

Die Bezugsmitarbeiterin bestätigt, dass sich Frau Zossen in vielen Kompetenzbereichen deutlich weiterentwickelt hat (sie z.B. selbstsicherer, selbstständiger und verlässlicher sei), was sie maßgeblich auf das Persönliche Budget zurückführt. Sie ist davon überzeugt, dass die Budgetnehmerin noch mehr Entwicklungspotenzial hat:

> MA: *[...] Ich glaub', sie ist auf 'nem guten Weg einfach. Also, wenn ich mir das vor 'nem Dreivierteljahr angucke und wenn ich mir das jetzt angucke, glaub' ich irgendwie, dass sie Sicherheit erlangt hat einfach auch und dass sie da gut dabei ist, das irgendwann viel selbstständiger hinbekommen zu können.* (MA 10 Int^{06}, 129)

Anfangs sei Frau Zossen noch häufig unsicher bei der Budgetverwendung gewesen. In der zweiten Modellphase beteilige sie sich nun sehr viel stärker an der Budgetplanung und Unterstützungsorganisation:

> MA: *Also, für mich ist diese Planbarkeit bei ihr da mal so ein bisschen mehr deutlich geworden einfach. Auch über so 'n Zeitraum von zwei, drei Monaten halt dann auch vorauszuschauen und überlegen, was kann ich mir leisten und was kann ich mir eigentlich diesen Monat nicht so leisten. Das dann aber auch mit einer gewissen Gelassenheit auch dann so hinzunehmen und nicht zu denken,*

> *da entgeht mir jetzt was. Auch dass sie das Gefühl hat, mehr steht mir da jetzt auch nicht zu, mehr gehört mir davon nicht.* (MA 10 Int^{06}, 167)

Aus Mitarbeitersicht hat Frau Zossen durch das Persönliche Budget einerseits ein gestiegenes Bewusstsein für ihren Anspruch auf Unterstützung entwickelt, andererseits aber auch die Grenzen dieses Anspruchs erkannt. Zudem beobachtet die Bezugsmitarbeiterin bei der Budgetnehmerin eine wachsende Eigenverantwortung.

> MA: *Also, das hab' ich schon so auch als hilfreichen Schritt Richtung Weiterentwicklung einfach für sie. Und äh, wie gesagt, nicht darauf warten, dass das Gießkannenprinzip so kommt. So, ach biete mir mal was an, sondern ich selbst muss halt überlegen, und äh ... ich muss auch Verantwortung dafür übernehmen und auch dann 'ne gewisse Verantwortung auch tragen. Wenn klar ist, ich habe mein Budget schon überschritten, dann kann ich vielleicht die nächsten zwei Monate jetzt vielleicht nix groß mehr machen. Dann ist aber kein anderer dran schuld, was ja sonst immer der Fall war. Irgendwie, ich kann das jetzt hier nicht und ihr habt ja keine Zeit (...). Fand ich bei ihr eigentlich ganz, ganz klasse, und sie ist ja recht/ und sie genießt es richtig, das auch zu bekommen, was ihr auch zusteht dann.*
> I: *Ja, also schon auch/ das hängt auch ganz, denken Sie, ganz klar mit dem Persönlichen Budget zusammen?*
> MA: *Ja, auf jeden Fall.* (MA 10 Int^{06}, 183-185)

Die Bezugsmitarbeiterin meint, Frau Zossen „genieße" es grundsätzlich sehr, externe Dienste einzukaufen. Mit einem externen Anbieter habe sie aber eine negative Erfahrung gemacht. Dass dieser mehr Stunden (als tatsächlich geleistet) abgerechnet habe, sei der Bezugsmitarbeiterin bei der Abrechnung aufgefallen, und sie habe Frau Zossen darauf hingewiesen.

> MA: *Ich hab's ihr halt noch mal gesagt, dass sie ihn bitte auch drauf ansprechen sollte noch mal, da so. Aber dieser Anbieter ist einfach auch teurer, und das ist bei ihr auch so langsam ähm, ist ihr das bewusst geworden, einfach dass sie da weniger Stunden bekommt dann einfach auch.* (MA 10 Int^{06}, 95-97)

Die Mitarbeiterin vermutet, Frau Zossen werde den externen Assistenten weiterhin in Anspruch nehmen, da sie insgesamt sehr zufrieden sei, aber auch aus Angst vor Konflikten. Deswegen werde sich die Budgetnehmerin wohl auch nicht beschweren.

In der Zukunft möchte Frau Zossen das Persönliche Budget weiterhin nutzen. Sie kritisiert nur die zu geringe Budgethöhe: *„Ich .. würde mir sehr wün-*

schen, dass (...) bisschen mehr Geld geben würde. Ja, für alle" (BN 10 Int[06], 384-386). Zudem macht sie sich Sorgen, dass der Modellversuch irgendwann enden könnte:

> BN: *Also, mir hat das total viel gebracht und ich wär' total traurig gewesen, wenn man mir jetzt den Hahn zugedreht hätte.* (BN 10 Int[06], 224)

5.1.6 Gesamtbetrachtung

Frau Zossen zählt zum Budgetnehmertyp „Intensivnutzer" – sowohl in der ersten als auch in der zweiten Modellphase. Ihre Anfangserwartungen an das Persönliche Budget, Möglichkeiten bei der Freizeitgestaltung und sozialen Teilhabe zu gewinnen, haben sich aus ihrer Perspektive und auch aus Sicht der Bezugsmitarbeiterin weitgehend erfüllt.

Da Frau Zossen trotz ihrer körperlichen Beeinträchtigungen und ihres umfassenden Unterstützungsbedarfs eine aktive Person ist und zudem im Verlauf des Modellversuchs mehr und mehr Eigeninitiative zeigt, nimmt sie ihr Budget intensiv in Anspruch. Zwar delegiert sie die Budgetverwaltung und Leistungsabrechnung weitgehend an die Bezugsmitarbeiterin, wirkt aber (insbesondere in der zweiten Modellphase) aktiv an der Budgetplanung mit. Gegenüber dem externen Dienst tritt sie als Kundin auf und entwickelt zugleich ein stärker ausgeprägtes Gefühl der Selbstwirksamkeit und Eigenverantwortung.

Für sie waren die klareren Vorgaben zum Budgeteinsatz in der zweiten Phase, die stringentere Verknüpfung der Budgetplanung mit der gesamten Hilfeplanung sowie die festen, regelmäßig stattfindenden Zeiten der Budgetassistenz hilfreich. Das Modell, regelmäßig wiederkehrende Bedarfe über interne Leistungen (durch Wohnheimpersonal) abzudecken (z.B. die Begleitung zum Schwimmen), darüber hinausgehende Aktivitäten jedoch entweder über interne oder externe Leistungen zu arrangieren, hat sich für Frau Zossen als tragfähig erwiesen.

Neben den objektiven Effekten (mehr Wahlmöglichkeiten, Handlungsräume und Aktivitäten) verbindet die Budgetnehmerin mit dem Persönlichen Budget subjektive (psychologische) Wirkungen, z.B. mehr Selbstvertrauen, Sicherheit, Offenheit. Ihre Bezugsmitarbeiterin bestätigt diesen Eindruck und meint, dass das Persönliche Budget die Kompetenz- und Persönlichkeitsentwicklung der Budgetnehmerin fördere.

Allerdings bewirkt die verringerte Budgethöhe in der zweiten Phase des Modellversuchs bei Frau Zossen deutliche Einschränkungen der Wahlmöglichkeiten und damit des budgetbezogenen Einsatzspektrums. Nun konnte Frau Zossen vor allem nicht mehr so häufig wie gewünscht auf externe Anbieter zurückgreifen, da externe Leistungen teurer sind, die Budgetnehmerin aber selbst bei relativ wenig aufwändigen Aktivitäten (wie einem Kinobesuch) viel Unterstützung benötigt. Andererseits wurde sich die Budgetnehmerin in der zweiten Phase der Budgetlimits bewusst, indem sie mit den Ausgaben an und über die Grenzen ihres Geldbetrages ging.

5.2 „Da kann man sich ja viel aussuchen, aber ich mach bloß zu wenig, aber das reicht mir aber" – Christine Bickenkamp

Die als Frau Bickenkamp benannte Budgetnehmerin verfügt im Prinzip über ausgeprägte kognitive Kompetenzen, um ihr Leben über Geldleistungen mehr zu bestimmen. Ihre Schwierigkeiten, Neues zu erproben und initiativ zu werden, hindern sie jedoch an der Umsetzung der Möglichkeiten. Die Option, durch das Budget zukünftig mehr Einfluss auf ihren Alltag zu nehmen, öffnet ihr dennoch den Weg, diese Handlungskompetenzen langfristig zu entwickeln.

5.2.1 *Lebenssituation, Kompetenzen und Unterstützungsbedarfe*

Christine Bickenkamp ist zum Zeitpunkt des ersten Interviews 27 Jahre alt und wohnt seit drei Jahren in dem Wohnheim. Zuvor lebte sie – nach Auszug aus dem Elternhaus – in einem anderen Wohnheim desselben Einrichtungsträgers. Mit der gegenwärtigen Wohnsituation ist Frau Bickenkamp sehr zufrieden: Sie hat ein eigenes Appartement mit Kochnische und Badezimmer und genießt es, sich in diesen separaten Wohnbereich zurückziehen zu können: *„Hier fühle ich mich am wohlsten, hier in meine vier Wänden"* (BN 22 Int[03], 2, 12). Frau Bickenkamp arbeitet im Montagebereich einer Werkstatt für behinderte Menschen.

In nahezu allen lebenspraktischen Bereichen ist Frau Bickenkamp sehr selbstständig. Sie bekommt ihr Verpflegungsgeld ausgezahlt und kauft ihre benötigten Lebensmittel ebenso wie Dinge des persönlichen Bedarfs selbst ein. Auch Mahlzeiten bereitet sie eigenständig zu, kann Küchengeräte bedienen und bekommt warme Mahlzeiten in Form von Fertiggerichten geliefert, die sie sich aufwärmt. Die Wäschepflege und Zimmerreinigung bewältigt Frau Bickenkamp weitgehend ohne Unterstützung.

Den größten Unterstützungsbedarf und aktuellen Unterstützungsschwerpunkt hat Frau Bickenkamp nach Aussage des Wohnheimpersonals im psychosozialen Bereich: Oft ärgere sie sich über andere Menschen, sei launenhaft und schnell genervt: *„Sie hat oft mit anderen Streit, das ist sehr regelmäßig. Sie schreit laut los und ist sehr schnell eingeschnappt, danach verschwindet sie in ihr Zimmer"* (MA Ass^{03}, 9, 3-4). Zudem fühle sie sich oft reglementiert und gegängelt (*„Ich soll immer Gesetze einhalten";* BN Ass^{03}, 7, 32). Alltägliche Konflikte erlebt sie im Wohnheim (mit Mitbewohnerinnen und mit dem Wohnheimpersonal) und auch in der Werkstatt (mit Arbeitskolleginnen sowie mit dem Werkstattpersonal). Aus Mitarbeitersicht gelingt es ihr aber, verglichen mit dem Zeitpunkt ihres Einzugs in das Wohnheim, immer besser, mit Konflikten umzugehen. Zwar komme es nach wie vor häufig zu Streitereien, aber sie habe gelernt, diese anders zu bewältigen und sich z.B. in ihre Wohnung zurückzuziehen, zu beruhigen und nicht mehr in „Schreiattacken" auszubrechen. Die Bezugsmitarbeiterin bietet ihr täglich Gespräche an, um Probleme und Konflikte reflektieren zu können; diese Angebote nutzt Frau Bickenkamp jedoch nicht immer bzw. nur „stimmungsabhängig": *„Sie hat oft psychische Probleme. Manchmal kommt sie zu uns und manchmal nicht. Wenn ein Gesprächsbedarf da ist, kommt sie, das ist auch täglich nötig. Wenn es nicht so regelmäßige Gespräche mit ihr gegeben hätte, wäre die Entwicklung nicht so positiv gewesen. Ich finde, sie ist in letzter Zeit viel entspannter geworden"* (MA 22 Ass^{03}, 11, 1-5). Auch in der Werkstatt trifft sie wöchentlich eine Psychologin, was sich nach Ansicht der Bezugsmitarbeiterin deutlich positiv auswirke.

Nach eigener Auskunft hat Frau Bickenkamp durchaus freundschaftliche Beziehungen im Wohnheim, jedoch engere Freunde am Arbeitsplatz. Sie zieht sich vor allem am Wochenende sehr in ihre Wohnung zurück: *„Am Wochenende bin ich sogar Stubenhocker"* (BN 22 Ass^{03}, 6, 14-15). Ein Mindestmaß an Kontakt zu ihren Mitbewohnerinnen und Mitbewohnern hält sie aber immer aufrecht. Kommt es manchmal bei besonderen Aktivitäten, Feiern o.Ä. zu Reibereien und Streitigkeiten, kann sie im Allgemeinen gut damit umgehen. Auch wenn sie immer wieder Kontakte verwehrt und niemanden in ihre Wohnung lässt, ist dies nicht unbedingt ein Zeichen der Unzufriedenheit, sondern entspricht ihrem persönlichen Lebensstil. Außerhalb des Wohnheims hat sie kaum soziale Beziehungen. Nur mit ihrer Familie (Mutter und Schwester) verbindet sie ein gutes Verhältnis: Sie pflegt regelmäßigen Kontakt und wird – insbesondere von ihrer Mutter – sehr unterstützt (z.B. beim Einkaufen von Bekleidung).

Frau Bickenkamp kann einfache Schriftstücke lesen, schreiben und auch mit Geld umgehen. Sie bekommt ihren Werkstattlohn auf ein Sparbuch überwiesen, das ihre Mutter verwaltet. Der Barbetrag geht auf ein Eigengeldkonto im Haus; sie gibt Bescheid, wenn sie Bargeld braucht. Ein eigenes Bankkonto möchte Frau Bickenkamp bisher nicht haben.

Frau Bickenkamp sieht gerne fern und hört Musik. *„Mein Lieblingshobby ist faulenzen und nichts tun"* (BN 22 Ass[03], 13, 24). Für kulturelle Angebote interessiert sie sich nicht sehr und möchte nur selten an Freizeitangeboten der Einrichtung teilnehmen. Am liebsten ist sie in ihrer Wohnung. *„In der Freizeit mache ich auch nicht so viel. Ich ziehe mich lieber zurück. Ich mache nichts mit"* (BN 22 Ass[03], 11, 16-17).

Ein einziges Mal hat sie bisher an einer vom Wohnheim organisierten Gruppenreise teilgenommen, fährt aber seit einiger Zeit nur noch mit ihrer Mutter in den Urlaub.

5.2.2 Motive zur Inanspruchnahme des Persönlichen Budgets und Erwartungen

Auf die Frage nach ihren Erwartungen oder Plänen mit dem Persönlichen Budget im Interview 2003 (vor Beginn des Modellversuchs) äußerte Frau Bickenkamp, sie wolle das Persönliche Budget für bestimmte Freizeitaktivitäten außerhalb des Wohnheims einsetzen und dabei den Wohnheimmitarbeiter als Begleitperson selbst aussuchen:

> MA: *Was unternehmen, nehmen wir mal an. Was ich mir schon lange gewünscht hab. Vielleicht zu einer Freundin fahren, vielleicht mit 'ner Freundin mal ... ins Motel, nicht ins Motel, Lokal zu gehen. Und mit den Betreuern irgendwo ins Lokal auch mal was essen oder trinken machen. Oder mit meiner Freundin einfach nur mal, oder wenn die hier hinkommt, und wir fahren, nehmen wir mal an, schwimmen oder irgendwas anderes. Oder wir gehen abends mal essen. Unsere liebsten Speisen. Wenn ich auch noch den bestimmen, den wir dann, den ich auch gerne hab. Auch mit/ das mach ich ja nicht mit jedem hier aus 'm Haus. .. Dann muss man mit denen ja reden und dann kaufe ich mir den ja ein, ne?*
> I: *Ja.*
> MA: *Wie wenn man in ein Geschäft einkaufen geht.* (lacht) (BN 22 Int[03], 31, 24 – 32, 4)

Sorgen machen Frau Bickenkamp der Umgang mit Geld und die Budgetabrechnung, wenn Aktivitäten über das Persönliche Budget organisiert werden – obwohl sie von der Bezugsmitarbeiterin so eingeschätzt wird, dass sie durchaus mit Geld umgehen und auch ein eigenes Konto führen könnte: *„Ich will das Geld* *nicht, also ich will das Geld nicht, wie heißt es? Mein Betreuer und ich, wir haben gesagt, ich möchte das Geld nicht in der Hand haben, sondern dass das einer für mich, wie heißt es?, verwal/ verwaltet"* (BN 22 Int^{03}, 32, 8-11). Auf der anderen Seite möchte sie dennoch über Budgetausgaben informiert und an der Budgetverwaltung beteiligt werden: *„Und das ist mir auch wichtig, dass ich das Geld sehe. [...] Und wenn sie das dann kriegen, dann krieg/ dann möchte ich auch wissen, ob die das dann gekriegt haben. Das ist mir halt auch wichtig, ne?"* (BN 22 Int^{03}, 32, 26-29)

Auch die Bezugsmitarbeiterin hatte im Vorfeld Bedenken und war unsicher, ob das Persönliche Budget für Frau Bickenkamp gewinnbringend sein werde. Insbesondere bezweifelte sie – wegen der Charaktereigenschaften von Frau Bickenkamp –, dass sie das Persönliche Budget für externe Anbieter einsetzen werde:

MA: *Das ist aber auch eine Kandidatin, da kann ich mir nicht gut vorstellen, dass externe Anbieter da irgendetwas ausrichten können. Also bei ihr mit am allerwenigsten. Weil sie schon sehr lange braucht, bis sie mit jemandem warm wird und überhaupt da in Kontakt geht. Und wenn jetzt da jemand kommt, ‚hallo, ich mach' jetzt da was mit dir', da hat sie dann überhaupt kein Interesse.* (MA 22 Int^{03}, 2, 15-28)

5.2.3 Umsetzungsrelevante Kenntnisse und Kompetenzen, Budgetberatung und -unterstützung

Von allen am Modellversuch Beteiligten verfügt Frau Bickenkamp über das weitreichendste Verständnis des Persönlichen Budgets – und das schon von Anfang an. Bereits im Jahr 2003, bevor sie überhaupt Erfahrungen mit dem Persönlichen Budget sammeln konnte, gibt Frau Bickenkamp im Interview Grundideen des Persönlichen Budgets und notwendige Umsetzungsschritte wieder:

MA: *Mein Betreuer hat mir da was erzählt. Jeder hat bestimmtes Geld zur Verfügung. Jeder, nehmen wir mal an, ich krieg' dann auch irgendwas Bestimmtes und ich kann mir dann irgendwie auswählen, mit wem ich was mache. Das muss nicht mit meinem sein, mit meinem Betreuer sein. Das kann auch vom Haus unten ein anderer sein.*
I: *Kann auch einer außerhalb vom Haus sein.*
MA: *Ja, das hat mein Betreuer mir auch erklärt. Aber meine Mutter brauch' ich nicht bezahlen, wenn meine Mutter was macht, die brauch' ich ja nicht bezahlen. Meine Schwester auch nicht.*

I: *Aber wenn Sie jetzt noch jemand anderen hätten, dann könnten Sie das machen. Sie würden dann da so Geld bekommen und #dann#*

MA: *#Ja#, bestimmtes Geld und dann muss ich, hab' ich, krieg' ich so ein Block, hat Frau Becker* [Name der Bezugsmitarbeiterin] *gesagt, dann immer so, für jede Stunde kriegt man so 'nen Block und dann immer so nach Stunden. Die kriegen dann so bestimmtes Geld. Dann muss er dann zum Seidel* [Name des Wohnheimleiters] *gehen und dann bekommen die das Geld. So hab ich das verstanden. Oh, oh.* (BN 22 Int^{03}, 30, 28 – 31, 14)

Im Interview 2005 kann sie zwar keine Angaben über ihre Budgethöhe machen (*„das habe ich schon alles wieder vergessen"*; BN 22 Int^{05}, 108), weiß aber, wie viel eine Mitarbeiterstunde kostet (25 Euro) und dass sich die Unterstützungskosten bei gemeinsamen Aktivitäten für alle beteiligten Budgetnehmerinnen und Budgetnehmer verringern: *„Waren immer mehrere dabei, dann kann man sich das auch, so wie ich's verstanden habe, auch, dann wird das alles so geteilt, dann muss das nicht einer ganz bezahlen"* (BN 22 Int^{05}, 10).

Über die gesamte Laufzeit des Modellversuchs wird Frau Bickenkamps Budget auf ihren Wunsch vom Wohnheim verwaltet. Sie räumt zwar ein, eigentlich mit Geld umgehen zu können (z.B. Wertverständnis, Einteilen des Geldes), aber: *„Ich tu mein Geld immer häufen als es ausgeben. Ich hab ein Geldproblem. Also, andere geben das ruckizucki im Quartal aus und ich ... Ne, ich mach' immer nur langsam"* (BN 22 Int^{05}, 120). Einerseits ist sie froh über die stellvertretende Budgetverwaltung, andererseits aber auch unsicher, ob diese tatsächlich korrekt und in ihrem Sinne abgewickelt wird: *„Aber ... so richtig vertrauen tu ich nicht, vielleicht tun 'se dann doch mal fünf Euro immer mal in die Tasche rein"* (BN 22 Int^{05}, 118).

Dennoch versteht Frau Bickenkamp, dass und wie sie Einfluss auf den Budgeteinsatz hat: *„Wenn ich dann irgendwas will, dann brauch' ich die nur anzusprechen. [...] Ich sehe das Geld nicht, aber die machen das dann für mich. Auf mein Auftrag, oder wie das heißt, machen die das dann"* (BN 22 Int^{05}, 113). Auch über die Budgetverwendung kann sie selbst bestimmen: *„Ich darf machen, was ich will damit. Aber die tun mich manchmal so ein bisschen, an ... an ... so anschieben"* (BN 22 Int^{05}, 134). Die Bezugsmitarbeiterin bestätigt, dass Frau Bickenkamp gelegentlich nach dem Stand ihres Budgetkontos fragt: *„Das ist ihr schon klar, was sie für Geld zur Verfügung hat, was sie damit tun kann. Und neulich war sie da und hat gefragt, wie viel Geld hab' ich auf meinem Budgetkonto? Ich möchte gerne das und das machen, und kann ich das davon bezahlen?"* (MA 11 Int^{06}, 86)

Frau Bickenkamp nennt das Personal im Wohnheim als ihren Hauptansprechpartner bei Fragen, die das Persönliche Budget und die Geldverwaltung betreffen. Das Café 3b ist ihr bekannt, und sie bringt es auch spontan mit der Budgetberatungsfunktion in Verbindung, insbesondere hinsichtlich der Vermittlung und Kontaktaufnahme zu externen Dienstleistern: „[...] *Dann muss man denn irgendwie doch erst mal ein Gespräch machen mit demjenigen, damit man sich auch erst richtig kennen lernt. Ich glaub', die machen das, habe ich irgendwie mal irgendwann in so einem Gespräch gehört"* (BN 22 Int^{05}, 204). In Anspruch genommen hat sie die Beratungsstelle jedoch noch nicht.

Frau Bickenkamp hat auch an der Fortbildung zum Persönlichen Budget teilgenommen. Dies hat ihr nach eigenen Aussagen geholfen, das Budget besser zu verstehen, aber nicht ihre Sicherheit und Experimentierfreude gesteigert.

5.2.4 Budgetverwendung

Frau Bickenkamp ist die Teilnehmerin mit der geringsten Budgetinanspruchnahme. In der ersten Phase hat sie bei einem monatlichen Budget von 367 Euro lediglich ca. 1 % ihres Gesamtbudgets ausgegeben. Sie hat nur eine Aktivität über das Persönliche Budget organisiert und finanziert: die Begleitung beim Spazierengehen durch einen Wohnheimmitarbeiter und den Besuch einer Eisdiele.

In der zweiten Modellphase nutzte sie von ihrem monatlichen Budget in Höhe von 181 Euro insgesamt 32 %, was einer durchschnittlichen monatlichen Ausgabe von 58 Euro entspricht. Mit ihrem Budget finanziert Frau Bickenkamp ausschließlich interne Unterstützung, beispielsweise um wöchentlich schwimmen zu gehen (Transport und Begleitung).

    I: *Also, Sie gehen dann mit einem Mitarbeiter hier aus dem Haus schwimmen?*
    BN: *Ja und zwei andere. Ne, drei andere auch noch gehen mit schwimmen neuerdings.*
    [...]
    I: *Und das machen Sie über das Persönliche ... #über#*
    BN: *#Ja#, das ist PerLe.* (BN 22 Int^{05}, 11-16)

Die Budgetnehmerin weiß, dass sie ihr Persönliches Budget in nur geringem Maße nutzt: „*Mache ja nicht so viel wie andere im Haus. Die gehen dann irgendwie ins Theater oder was. Ich dagegen überhaupt nicht"* (BN 22 Int^{05}, 130). Sie gibt auch an, das Wohnheimpersonal motiviere sie regelmäßig, ihr Budget aktiver einzusetzen, jedoch ohne Konsequenz:

5.2 „Da kann man sich ja viel aussuchen..." – Christine Bickenkamp

BN: *Aber die Mitarbeiter sagen auch immer, zu mir immer, wenn diese (Abrechnung), könntest du jetzt auch ... auch mal wieder was von deinem Persönlichen Budget machen, weil du wieder, am Konto wieder genug da, wie du dann, du hast viel da drauf. Ich hab gedacht, lass es doch drauf sein, das wird nicht schlecht drauf. .. Das kratzt dann schon in 'ne Arme dann die ganzen Mitarbeiter. Kratzt.* (BN 22 Int[05], 127)

Die Bezugsmitarbeiterin beschreibt die Diskrepanz zwischen den hohen budgetbezogenen Kompetenzen von Frau Bickenkamp und ihrer Passivität bei der Budgetnutzung. Sie äußere nur selten Bedürfnisse und Wünsche, und es falle ihr sehr schwer, Entscheidungen zu treffen und geplante Aktivitäten umzusetzen:

MA: *[...] Ich denke schon, dass sie das in ihrem Kopf bewegt und dass sie das schon auch beschäftigt, es sie dann aber doch auch Überwindung kostet. Weil, wenn sie sagt: ‚Ich möchte das gerne', dann steht sie im Grunde auch in der Verpflichtung, das zu tun. Da sind dann von der Zeit, wo sie gesagt hat: ‚Ich möchte das gerne', bis dahin, dass sie eine Kollegin angesprochen hat, sind wieder drei Wochen vergangen. Also, sie braucht eine unglaublich lange Zeit, um solche Entscheidungen zu treffen. Und sie auch umzusetzen. Das steht nämlich dann noch auf einem anderen Blatt, ob das dann auch so tatsächlich, ob sie das dann auch wirklich in Anspruch nimmt und dann macht. Wobei wir die Erfahrung haben, wenn wir ihr die Zeit zubilligen, die sie braucht für solche Entscheidungen, dass sie das dann auch wahrnimmt. Aber es braucht langen Atem.* (MA 11 Int[06], 106)

Eine Unterstützung durch andere Personen oder externe Dienste kann sich Frau Bickenkamp derzeit nicht vorstellen: *„Ich habe mir schon mal Vorstellungen gemacht, aber so richtig kann ich mir... kann ich nicht. Man muss man die Leute ja auch erst mal kennen lernen und so, ne?"* (BN 22 Int[05], 146). Auch wenn das Wohnheimpersonal sie immer wieder auffordert, diese Unterstützungsform auszuprobieren, reagiert sie zunächst nicht: *„Nö. Ist ja meine Sache"* (BN 22 Int[06], 178).

Aus Mitarbeitersicht ist Frau Bickenkamp nicht durch das Budget überfordert, sondern ihre Zurückhaltung hat andere Gründe:

MA: *Also, man könnte das Geld an sie auszahlen, aber sie würde dann trotzdem dann nichts mit machen.*
I: *Aber sie könnte es verwalten, #also#*
MA: *#Sie könnte es theoretisch#, könnte sie es verwalten, genau. Genauso wie sie, also sagen wir mal, da hat sie 'ne dreiteilige Kasse: Verpflegungsgeld, Taschengeld, Persönliches Budget. Und das würde sie super auf die Reihe kriegen, das wäre überhaupt kein Problem.* (MA 11 Int[06], 94-96)

Ihre grundsätzliche Kompetenz, den Einsatz von Geld zu steuern und seine Funktion zu verstehen, liege vielmehr im Widerstreit mit ihrer Persönlichkeit, die wohl aber auch Teil ihrer psychosozialen Probleme sei: Ihre Stimmung schwanke häufig und sie habe Schwierigkeiten, Bedürfnisse zu artikulieren. Deswegen könne sie aus Mitarbeitersicht das Persönliche Budget nur in begrenztem Maße nutzen.

> MA: *[...] Sie könnte von ihrem, von ihrem ganzen Dasein, könnte sie viel mehr das Budget nutzen. Aber ihre, ihre psychische Verfassung hindert sie da dran. Und das ist, also ich finde es sehr bezeichnend, jetzt so ein Beispiel. Zum Beispiel, es hat jetzt sechs Jahre gedauert, bis sie gesagt hat, von sich aus, ich möchte gerne mit einer Gruppe in den Urlaub fahren. [...] Und ich glaube, dass das mit dem Nutzen des Persönlichen Budgets eine ähnlich lange Zeit des Aneinander-, Miteinander-Arbeitens geben würde. Also sie ist eine derjenigen, mit der man wirklich langfristig arbeiten muss, und das hat nichts mit der Höhe des Betrages zu tun.* (MA 11 Int^{06}, 102)

5.2.5 Bewertung des Persönlichen Budgets

Obwohl sie es wenig beansprucht, bewertet Frau Bickenkamp das Persönliche Budget nicht negativ, sondern äußert sich diffus zufrieden: *„Ich kann's nur sagen, dass es gut ist. Das ist ein gutes Gefühl, und das ist schön, und es soll auch weiter, es soll auch so weiter gehen. Also ... nicht, nix, also jedenfalls nichts Negatives"* (BN 22 Int^{05}, 252). Interessant ist, dass Frau Bickenkamp für sich durchaus größere Wahlmöglichkeiten sieht und auch die Chance, etwas mit den Mitarbeitern in Eins-zu-eins-Situationen unternehmen zu können, positiv bewertet. Gleichzeitig ist ihr aber bewusst, dass sie diese (neuen) Möglichkeiten nicht nutzt und auch nicht nutzen will:

> I: *Also hat Ihnen das Budget auch nicht geholfen, dass das mehr wird, dass man auch mal mehr aussuchen kann. Hat Ihnen das dabei geholfen oder nicht?*
> BN: *Ja .. oder, ja, da kann man sich ja viel aussuchen, aber ich mach bloß von den ... ich mach bloß zu wenig, aber das reicht mir aber.*
> I: *Können Sie denn jetzt durch das Budget mehr Dinge machen, die Sie früher #nicht machen konnten#?*
> BN: *#Jo# doch, kannste, kann man so sagen, aber möchte ich halt nicht.* (BN 22 Int^{05}, 235-238)

Die Bezugsmitarbeiterin kommt im Interview 2006 zu einem ähnlichen Resümee: Aktuell nimmt sie keine Wirkungen des Persönlichen Budgets wahr und meint, dass es im Alltag von Frau Bickenkamp im Moment keine bedeutende Rolle spiele, sondern andere Unterstützungsbedarfe und Entwicklungsschritte Vorrang hätten:

> I: *Und bemerken Sie denn so Veränderungen durch das Persönliche Budget bei ihr?*
> MA: *Ähm, .. ich glaube nicht, dass das was mit dem Persönlichen Budget direkt zu tun hat. [...] Bei Frau Bickenkamp liegen, glaub' ich, die Themen anders. Also da geht's um Abgrenzung von zu Hause und was ich vorhin schon gesagt hab', sich seinen eigenen Befindlichkeiten deutlich zu werden, sich abzugrenzen, Konflikte zu führen, adäquat, und solche Sachen. Ich glaube, dass da, da liegen andere Themen ..., weil ähm, das hatte ich auch vorhin schon gesagt, das mit dem Geld-Einteilen, das ist überhaupt kein Problem und auch das kognitiv zu erfassen, wofür das Geld zusteht, wofür das Geld da ist und was ich damit machen kann, das ist alles kein Problem. Theoretisch könnte Frau Bickenkamp auch in einer ambulanten Betreuung wohnen. Das ist überhaupt nicht so. Aber so dieses Neue-Schritte-Machen, das ist nicht so ihrs, und innovativ sein und Sachen angehen und Themen und so, auch nicht ihrs. Braucht alles einfach lange. Wie gesagt, es hat sechs Jahre gedauert, bis sie mit einer fremden Gruppe jetzt in den Urlaub fährt. So in diesen Dimensionen muss man mit Frau Bickenkamp arbeiten.* (MA 11 Int[06], 113-114)

Trotz allem hält die Bezugsmitarbeiterin das Budget perspektivisch für Frau Bickenkamp für gewinnbringend, weil es ihr potenziell die Chance biete, selbstständiger und aktiver zu handeln und – gerade auch in Konfliktsituationen – weniger vom Wohnheimpersonal abhängig zusein.

> MA: *Weil es ihre Selbstständigkeit fördert. Und es gibt oft, soweit ist sie sicher noch nicht, aber es gibt, sie hat sehr viele Konflikte mit uns und ähm, im Grunde wär's für sie eine Möglichkeit, sich jemanden von außen zu holen, der völlig konfliktfrei mit ihr Sachen macht. [...] Aber wie gesagt, da muss Frau Bickenkamp noch dran arbeiten. Grundsätzlich ist das glaub' ich, eine gute Sache für sie.* (MA 11 Int[06], 115-120)

5.2.6 Gesamtbetrachtung

Frau Bickenkamp steht für einen passiven Budgetnehmertyp. Charakteristisch bei ihr ist die große Diskrepanz zwischen ihrem Kompetenzniveau und ihrer Inanspruchnahme des Budgets. Die Budgetnehmerin hat bereits zu einem frühen Zeitpunkt der Modellerprobung die Grundgedanken des Persönlichen Budgets theoretisch und in der praktischen Umsetzung verstanden. Aufgrund ihrer kognitiven Kompetenzen wäre sie eine der wenigen Bewohnerinnen und Bewohner, die das Budget selbstständig verwalten könnten. Im Alltag setzt sie es jedoch kaum ein, auch im Längsschnitt zeigt sich keine wesentliche Entwicklung. Effekte der Geldleistung auf ihre Lebensführung oder ihr Selbstwertgefühl werden weder von ihr selbst noch von anderen wahrgenommen. Insbesondere bestätigen sich die Erwartungen, dass Frau Bickenkamp das Persönliche Budget nicht für externe Anbieter einsetzen werde – hier scheinen Aspekte wie Zurückhaltung bei Vertrauen, hohe Bedeutung von Gewohnheiten und eingeschränkte Innovationsbereitschaft den Ausschlag zu geben.

Das Persönliche Budget nimmt also bislang im Leben der Budgetnehmerin keinen zentralen Stellenwert ein. Vielmehr scheint ihr Unterstützungsbedarf derzeit nicht budgetkompatibel bzw. der Grundgedanke wachsender Autonomie und Aktivität stimmt nicht mit den Präferenzen von Frau Bickenkamp überein. Sie möchte sich zurückziehen können und ihre Ruhe haben, gleichzeitig wünscht sie konstante Ansprechpartner bei Problemen und erwartet Routinen bei den täglichen Kontakten. Sie benötigt also vorrangig Unterstützung bei der Persönlichkeitsentwicklung und Beziehungsgestaltung. Dafür muss sie Kompetenzen aufbauen, um besser mit Konflikten umzugehen, mehr soziale Kontakte aufzunehmen und aufrechtzuerhalten, ihre Bedürfnisse wahrzunehmen und zu äußern, psychisch stabiler und entspannter zu werden etc. In diesem Kontext erscheint momentan der verlässliche Alltag mit Sachleistungen passender.

5.3 „Dass ich mein eigener Chef bin" – Holger Behrens

Der als Holger Behrens bezeichnete Budgetnehmer hat bei hoher Eigeninitiative und relativ viel Alltagskompetenzen zugleich Probleme, Ordnung in sein Leben zu bringen. Das Persönliche Budget bietet für ihn Chance und Anreiz zur wachsenden Selbstbestimmung, zum Aufbau der Selbststeuerungskompetenz und steigendem Verantwortungsbewusstsein.

5.3.1 Lebenssituation, Kompetenzen und Unterstützungsbedarfe

Holger Behrens ist – zu Beginn der Modellerprobung – 30 Jahre alt und wohnt seit drei Jahren in dem Wohnheim. Zuvor lebte er ca. zehn Jahre lang in einer anderen Wohnstätte desselben Trägers. Er bewohnt ein Einzelappartement (mit Wohn- und Schlafbereich, Kochnische und Badezimmer) und arbeitet im Montagebereich einer Werkstatt für behinderte Menschen in Bielefeld.

5.3 „Dass ich mein eigener Chef bin" – Holger Behrens

Herr Behrens verfügt über vielfältige lebenspraktischeKompetenzen: So ist er in der Lage, bei der Basisversorgung (persönliche Pflege) nahezu alle alltäglichen Aufgaben selbstständig zu bewältigen. Er kann einfache Gerichte kochen, sich in bekannter Umgebung orientieren, mit dem Fahrrad unterwegs sein, öffentliche Verkehrsmittel nutzen sowie ohne Begleitung Dinge des persönlichen Bedarfs einkaufen. Aus Sicht des Personals benötigt er jedoch in vielen Bereichen fortwährend Motivation und Kontrolle, z.B. bei der regelmäßigen Körperpflege und dem Wechseln der Kleidung, der laufenden Ernährung und Einnahme von Medikamenten. Man müsse ihn auch auffordern, im eigenen Wohnbereich Ordnung zu halten: Herr Behrens habe eine ‚Sammelleidenschaft', die schnell ins Chaos führe. Auch der Budgetnehmer selbst sieht seinen größten Unterstützungsbedarf beim Aufräumen seines Appartements. Aber auch um seine psychosozialen Probleme (Angst, innere Unruhe, soziale Konflikte) weiß er und nimmt in der Regel Unterstützung in Form von Gesprächsangeboten an.

Herr Behrens kann Geldwert und Preise nicht einschätzen und muss daher bei der Geldverwaltung Unterstützung erhalten. Aus Mitarbeitersicht neigt er dazu, Geld schnell und teilweise unüberlegt auszugeben:

> MA: *Er holt sich das dann immer zum Ersten des Monats. Dann immer wieder dieses Angebot: Komm wir gehen zusammen hin, teilen es dir ein, wie viel und so was. Aber das nimmt er meistens nicht an, und das ist innerhalb der ersten drei, vier Tage des Monats auch verbraucht. […] Er kann eigentlich nicht damit umgehen. Er kann damit wirklich nichts geplant machen. Wenn er irgendwo unterwegs ist, kann es sein, dass er sich gerade mal die fünfte bis siebte Kaffeemaschine kauft.* (MA 12 Int[03], 9, 24-39)

Herr Behrens hat wegen seiner eingeschränkten Kompetenzen, mit Geld hauszuhalten, eine gesetzliche Betreuung für den Bereich der Vermögenssorge.

Anregungen zu Freizeitaktivitäten nimmt Herr Behrens gerne auf, insbesondere geht er gerne ins Kino oder in ein Lokal. Auf der anderen Seite sind seine Möglichkeiten, solche Wünsche zu realisieren, begrenzt, da er häufig sein Geld bereits anderweitig ausgegeben hat. Herr Behrens hat eine Partnerin, die im selben Wohnheim lebt. Die Partnerschaft ist aus Sicht von Herrn Behrens und auch seiner Bezugsmitarbeiterin nicht immer konfliktfrei, aber sehr beständig. Sonst hat er keine engeren Freunde, ist aber kontaktfreudig. Obwohl er von anderen nicht immer als umgänglich erlebt wird, schätzt man doch seinen Charme und seine Hilfsbereitschaft.

Generell wird Herr Behrens als sehr sprunghaft und unzuverlässig beschrieben. Diese Eigenschaften beeinträchtigen ihn in allen Lebensbereichen (z.B. bei

Haushaltsführung, Beziehungsgestaltung und Terminabsprachen): *„Herr Behrens ist sehr wechselhaft in seinen Sachen, und wenn ihm gerade was in den Kopf schießt, dann wird das umgesetzt"* (MA 12 Ass[03], 1, 5-7). Schwerpunkt der derzeitigen Unterstützung ist aus Mitarbeitersicht, *„Herrn Behrens zu helfen, dass er einen geregelten Tages- und Nachtrhythmus hat, ... ja und immer wieder Ordnung und Sauberkeit in seinem Zimmer, weil das ist einfach so, wenn sein Zimmer völlig chaotisch ist, dann ist auch Herr Behrens völlig chaotisch. ... Und dann auch immer seine Kontakte zu anderen Personen und auch gerade zu seiner Freundin"* (MA 12 Int[03], 4, 5-9).

5.3.2 Motive zur Inanspruchnahme des Persönlichen Budgets und Erwartungen

Herr Behrens hat sich Mitte 2003 entschlossen, am Modellversuch teilzunehmen. Hierfür konnte er jedoch im Interview vor Beginn der Modellerprobung keine besonderen Beweggründe oder an das Persönliche Budget geknüpfte Erwartungen nennen.

Seine Bezugsmitarbeiterin sah damals in dem Persönlichen Budget eine Chance, seine Ressourcenlage zu verbessern, *„dass er die Möglichkeit hat, an Freizeitaktivitäten, entweder von anderen Anbietern oder von uns, teilzunehmen, auch gerade dadurch dafür noch mal Finanzen zur Verfügung gestellt bekommt"* (MA 12 Int[03], 6, 14-16). Zugleich wurden seine Sprunghaftigkeit und Unzuverlässigkeit als ein hinderlicher Faktor eingeschätzt, um ein Persönliches Budget zu nutzen. Man erwartet beispielsweise, dass er Probleme haben werde, Verabredungen mit dem Wohnheimpersonal oder Verträge mit anderen Leistungsanbietern einzuhalten.

5.3.3 Umsetzungsrelevante Kenntnisse und Kompetenzen, Budgetberatung und -unterstützung

Während des gesamten Modellversuchs wachsen bei Herrn Behrens langsam, aber deutlich Kenntnisse und Kompetenzen bezüglich des Persönlichen Budgets. So fiel es ihm nach der ersten Phase (Mitte 2005) noch sehr schwer, die Bedeutung des Persönlichen Budgets zu ermessen und es von anderen Geldern (wie Taschengeld) abzugrenzen:

> I: Erzählen Sie mir doch mal, was ist denn das Persönliche Budget für Sie?
> BN: Das Taschengeld, Taschengeld.

I: *Taschengeld ist das?*
BN: *Ja.*
I: *Und was ist das so genau? Was kann man damit machen? Wissen Sie das?*
BN: *Hm, nein.* (BN 12 Int05, 9-14)

Im Interview ein Jahr später (Mitte 2006) kann Herr Behrens zwar die Bedeutung des Persönlichen Budgets oder die notwendigen Umsetzungsschritte immer noch nicht dezidiert beschreiben oder budgetbezogene Details wiedergeben (z.B. die Höhe seines monatlichen Budgets oder Kosten von Unterstützungsleistungen); er bringt das Persönliche Budget jetzt aber stärker mit der sich eröffnenden Funktion, andere „Leute einzukaufen", in Verbindung.

Unverändert bleiben hingegen die Modalitäten zur Budgetverwaltung: Herr Behrens lässt sein Budget auf eigenen Wunsch (und mit Einverständnis der gesetzlichen Betreuung) vom Wohnheimpersonal auf einem internen Konto („Hauskonto") stellvertretend verwalten.

MA: *Weil er mit Geld eigentlich nicht besonders umgehen kann, also das macht ihn immer aufgeregt, und er will es eigentlich gar nicht, der hat auch 'ne Vermögensbetreuung und äh, ... nein, also, er hat da keinen Überblick, das machen wir, also ich berate ihn da und sag' ihm dann am Ende des Monats, da ist so und so viel über, und dann könnte er auf jeden Fall wieder diese und diese Stunden nächstes Mal machen.*
Oder wenn's mal viel ist, dann kann man sich mal zweimal im Monat treffen und äh, oder mal wirklich einen längeren Ausflug planen. So, da kann er dann was mit anfangen und mit dem Geld eigentlich nicht. (MA 08 Int[06], 26)

Für diesen Budgetnehmer ist die Budgetnutzung also eine bargeldlose Angelegenheit; er ist an der Verwaltung seines Budgets (z.B. Bezahlen der Dienstleistungen, Begleichen von Rechnungen) nicht aktiv beteiligt, wird von den Mitarbeiterinnen und Mitarbeitern jedoch regelmäßig über seine Ausgaben und den Stand seines Budgetkontos (ausgedrückt in Stunden für persönliche Assistenz) informiert:

I: *Und wissen Sie, was das kostet, was die Frau Gösten* [Name der Unterstützungsperson eines externen Anbieters] *da an Geld für kriegt?*
BN: *Wird auf dem PC ausgerechnet.*
I: *Ah ja.*
BN: *Zusammengerechnet.*
I: *Und wer macht das? Wer rechnet das aus?*
BN: *Frau Siedemann* [Name der Bezugsmitarbeiterin im Wohnheim].
[…]

I: *Und wissen Sie denn, wenn Sie da noch etwas über haben?*
BN: *Ein paar Stunden habe ich noch.* (BN 12 Int^{06}, 50-55; 66-67)

Über Budgetausgaben hingegen entscheidet er mehr und mehr autonom: Während Herr Behrens im Interview 2005 noch angab, den Einsatz seines Budgets nicht zu bestimmen, sondern seiner Bezugsperson die Steuerung zu überlassen, kommt im Interview 2006 an mehreren Stellen deutlich zum Ausdruck, dass Herr Behrens nun eine aktivere Rolle einnimmt und dies für ihn einen sehr hohen Stellenwert hat:

I: *Und überlegen Sie sich immer, was Sie machen möchten oder wie funktioniert das?*
BN: *Ich suche mir was raus.*
[...]
BN: *Ja, ich habe einige Sache vorgestellt, ich bin da in ein Geschäft, Frau Gösten* [Name der Unterstützungsperson eines externen Anbieters] *selber eingekauft habe auch.* (BN 12 Int^{06}, 40-41; 75)

Auf der anderen Seite wird die Budgetplanung nun klarer mit den Zielen der Hilfeplanung abgestimmt. Hier übernimmt die Bezugsmitarbeiterin beratende Funktion: *„Wir haben ja schon grundsätzlich, wie bei allen andern, das eingesetzt für Dinge, die sich aus der Hilfeplanung ergeben. Und da ging es bei Herrn Behrens auch um Freizeitgestaltung außerhalb des Wohnheims"* (MA 08 Int^{06}, 30).

Als Partner für Klärungs- und Beratungsbedarf in Sachen Persönliches Budget nimmt Herr Behrens ausschließlich das Wohnheimpersonal (Bezugsmitarbeiterin und Wohnheimleitung) wahr und schätzt zusätzlich die Fortbildungsveranstaltung zum Persönlichen Budget als für ihn relevant ein: Er äußert im Interview 2005, wesentliche Informationen in dem *„Kursus"* bekommen zu haben. Den größten Unterstützungsbedarf für sich sieht er im Bereich der Budgetplanung:

BN: *Hat ich ... muss mal echt ... mit klar kommen, was ich damit anfangen kann auch.*
I: *Mit dem Persönlichen Budget?*
BN: *Ja.*
I: *Ja, sind Sie sich da schon klar drüber oder noch nicht so?*
BN: *Nicht so. (BN 12 Int^{05}, 356-360)*

Das Café 3b wird von Herrn Behrens nicht spontan als mögliche Anlaufstelle zur Budgetberatung genannt. Auf Nachfrage gibt er jedoch an, dieses externe Angebot zu kennen und auch schon einmal mit einer Mitarbeiterin der Beratungsstelle über das Persönliche Budget gesprochen zu haben. Genaue Angaben über die Beratungsinhalte kann er jedoch nicht machen.

5.3.4 Budgetverwendung

In der ersten Modellphase (bis Mitte 2005) erhält Herr Behrens ein Persönliches Budget in Höhe von 734 Euro, entsprechend dem Leistungstyp 10/ Hilfebedarfsgruppe 1 (vgl. Kap. 2.2.2 und 2.3.2).

Im ersten Abrechnungszeitraum (Juni 2004 bis April 2005) nahm Herr Behrens insgesamt nur etwa 2 % seines kumulierten Gesamtbudgets in Anspruch (entspricht ca. 16,50 Euro pro Monat). Damit zählte er zu den drei Budgetnehmerinnen und Budgetnehmern mit dem geringsten Budgeteinsatz. Den Geldbetrag nutzte er ausschließlich intern, also für Unterstützungsleistungen durch das Wohnheimpersonal. Dabei ging es überwiegend um sporadische Gruppenaktivitäten, z.B.: Begleitung zum Konzertbesuch, zur Teilnahme an einem Kickerturnier, Besuch des Weihnachtsmarkts, Transport zur Disko und zum Schwimmen. Daneben wurden einzelne Aktivitäten, wie z.b. die Begleitung bei einer Fahrrad-Tour, Unterstützung bei seinem Hobby (Elektro-Bastelarbeiten) sowie Hilfen zur Installation technischer Geräte, über das Persönliche Budget finanziert. Regelmäßig stattfindende Aktivitäten liefen nicht über das Persönliche Budget, daher konnte Herr Behrens im Interview 2005 auch keine Angaben zum Einsatz seines Budgets machen:

I: *Was machen Sie denn regelmäßig mit Ihrem Persönlichen Budget? Gibt es irgendjemanden, den Sie damit bezahlen? Irgendeine Person?*
BN: *...*
I: *Ne?*
BN: *Fällt mir nicht ein.*
I: *Machen Sie irgendwas mit den Mitarbeitern, wo Sie das Persönliche Budget einsetzen?*
BN: *Da fällt mir dazu nichts ein.* (BN 12 Int^{05}, 193-198)

In der zweiten Modellphase von Oktober 2005 bis September 2006 war zwar das Budget auf eine Höhe von 155 Euro reduziert, aber zugleich bei Herrn Behrens eine deutliche Nutzungssteigerung festzustellen: Jetzt liegt die prozentuale Budgetinanspruchnahme bei 76 % (ca. 119 Euro pro Monat) und damit fast genau auf der durchschnittlich verwendeten Budgethöhe aller Modellversuchsteilnehmerinnen und -teilnehmer in diesem Zeitraum. Im Vergleich der Modellphasen investiert Herr Behrens somit jetzt mehr als das Siebenfache der ersten Phase. Auffällig ist ferner, dass er das Persönliche Budget nun zu einem Drittel intern (für die Unterstützung durch Wohnheimpersonal) und zu zwei Dritteln extern (für Leistungen anderer Anbieter) einsetzt (vgl. Abbildung 28).

Abbildung 28: Budgetausgaben von Herrn Behrens pro Monat nach Modellphase (in absoluten Zahlen) und differenziert nach intern/ extern (in % der jeweiligen Budgetausgaben)

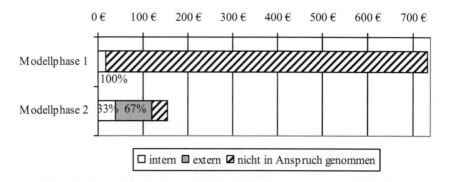

Intern nutzt Herr Behrens das Persönliche Budget, um sich einmal pro Woche Unterstützung durch die Bezugsmitarbeiterin beim Aufräumen des eigenen Wohnraums einzukaufen. Er steuert seinen Alltag also genau in dem Bereich, in dem er den größten Unterstützungsbedarf sieht (vgl. Kap. 5.3.1). Zusätzlich nutzt er das Budget für Transportdienste (regelmäßig zum Schwimmen, unregelmäßig zu Konzerten) und für die Budgetberatung durch das Wohnheimpersonal: *„Wobei das jetzt im Moment wie gesagt, nicht mehr so viel ist, aber so der eine oder andere Telefonanruf, das ist, das kommt schon mal vor"* (MA 08 Int[06], 62).

Extern verwendet er das Budget ausschließlich im Freizeitbereich; hier kauft sich Herr Behrens die notwendige Unterstützung und Begleitung bei einem professionellen Anbieter (privat-gewerblicher Träger) ein.

I: *Und was machen Sie jetzt immer so mit der Frau Gösten* [Name der Unterstützungsperson eines externen Anbieters]*?*
BN: *Unternehmungen, Konzertbesuche auch.*
I: *Hm, zum Konzert gehen. Und sonst noch etwas?*
BN: *Kinobesuche machen wir auch öfters.*

I: *Ins Kino gehen Sie auch. Und gibt es sonst noch etwas, was Sie so mit der machen?*
BN: *... Museumsbesichtigung haben wir schon mal.* (BN 12 Int[06], 32-37)

Die durch den externen Leistungsanbieter unterstützte Freizeitgestaltung findet nach individueller Terminabsprache in regelmäßigen Abständen (ca. ein- bis zweimal pro Monat) statt. Der erste Kontakt zu diesem Dienstleister wurde durch das Wohnheimpersonal geknüpft: Die Assistenz hat sich und die Angebotskonditionen zunächst dem Wohnheimpersonal und dann Herrn Behrens bei einem ersten Kennenlern-Treffen im Wohnheim vorgestellt. Herr Behrens konnte dann entscheiden, ob er das Leistungsangebot annehmen will.

Inzwischen verabredet sich Herr Behrens im Wesentlichen selbst mit dem externen Dienstleister: *„Also das ging schon auch erst über mich. Aber inzwischen sind die da sehr selbstständig eigentlich"* (MA 08 Int[06], 44). Nach Aussage der Bezugsmitarbeiterin hat im Verlauf des Modellversuchs ihre Intervention durch Beratung abgenommen, ist aber nach wie vor dann erforderlich, wenn getroffene Verabredungen nicht eingehalten werden können, besondere Aktivitäten geplant sind bzw. spezielle Wünsche von Herrn Behrens erfüllt werden sollen. Er greift auf den externen Dienst insbesondere dann zurück, wenn das Wohnheimpersonal ihn bei Freizeitaktivitäten nur schwer begleiten kann, z.B. aufgrund der Dienstplanvorgaben:

MA: *Das hat es jetzt erst einmal gegeben, weil er von einem Konzert gehört hatte, wo ich gesagt habe, Mensch, die spielen/ demnächst sind die in Herford. Und dann, da hab' ich ihm vorgeschlagen, doch mal zu fragen, ob er sich die Begleitung praktisch dafür einkaufen kann, weil das ja immer auch spät ist und lange dauert.* (MA 08 Int[06], 32)

Insgesamt haben die strukturierte Budgetplanung und die Koppelung an die Inhalte des individuellen Unterstützungsplans in der zweiten Phase des Modellversuchs bei Herrn Behrens zu einem höheren und zeitlich konstanteren Budgeteinsatz geführt.

5.3.5 Bewertung des Persönlichen Budgets

Sowohl 2005 als auch 2006 bewertet Herr Behrens im Interview das Persönliche Budget positiv. Im Gegensatz zur ersten Befragung, in der er eher eine globale Zufriedenheit ausdrückt (*„gefällt mir alles"*), erscheint sein Urteil beim zweiten Messpunkt differenzierter. Er bewertet es zum einen positiv, dass er durch das

Persönliche Budget die Möglichkeit habe, auch „*andere Leute einkaufen*" zu können, und zum anderen, dass „*ich mein eigener Chef bin*" (BN 12 Int^{06}, 193). Er möchte das Persönliche Budget gerne weiterhin nutzen und noch häufiger für den Einkauf externer Dienste einsetzen. Nachteile durch das Persönliche Budget sieht er nicht.

Während Herr Behrens im Jahr 2005 keine Angaben über den zukünftig geplanten Einsatz seines Budgets machen konnte, nennt er ein Jahr später konkrete budgetbezogene Pläne:

> I: *Haben Sie da noch irgendwelche Pläne, was Sie noch gerne mit der* [gemeint ist die Unterstützungsperson eines externen Anbieters] *machen möchten? Haben Sie sich da noch was vorgenommen?*
> BN: *... Ich muss mich bald erkundigen, (...) kommt Rolf Zuckowski nach Bielefeld.*
> I: *Ah.*
> BN: *Geh' ich hin im November auch.*
> I: *Ja! Und auch mit der Frau Gösten* [Name der Unterstützerin eines externen Anbieters], *oder?*
> BN: *Ja. (BN 12 Int^{06}, 84-89)*

Auch die Bezugsmitarbeiterin schätzt das Persönliche Budget als gewinnbringend für Herrn Behrens ein. Ihm werde durch das Budget die Möglichkeit eröffnet, seine Unterstützungspersonen selbst auszusuchen: „*Weil er immer ausgesprochen deutlich sagt, die hab' ich mir von meinem Budget eingekauft, also er nennt das wirklich auch so*" (MA 08 Int^{06}, 24). Von Vorteil sei, dass man durch das Persönliche Budget Aktivitäten unabhängig vom Wohnheimalltag, der häufig durch Spannungen zwischen den Bewohnerinnen und Bewohnern und dem Wohnheimpersonal geprägt sei, planen und mit einer Person losgelöst von Alltagskonflikten durchführen könne:

> MA: *[...] Weil es außerhalb dieses Rahmens ist, das finde ich für ihn 'ne sehr gute Sache. Weil hier ja immer auch das ganze Alltägliche stattfindet, viele Beziehungen untereinander, wo nicht alle immer ja nur toll sind. Zumal ja manchmal auch sehr schwierig ist. Und äh, also wenn ich mit Herrn Behrens so was unternehme, das kann ich auch, klar machen wir auch manchmal, jetzt natürlich nicht mehr so viel, aber ähm, dann nimmt man ja immer so auch die ganze Geschichte mit.* (MA 08 Int^{06}, 107)

Über den Einsatz des Persönlichen Budgets wächst nach Meinung der Bezugsmitarbeiterin bei Herrn Behrens die Verlässlichkeit. Während ihm im Vorfeld der Modellerprobung aufgrund seiner Sprunghaftigkeit kaum zugetraut wurde, sich an Verabredungen zu halten, wandeln sich nun auch die Erwartungen an seine Kompetenzen: Er hat gezeigt, dass er selbst mit der externen Begleitperson verabredete und über sein Budget finanzierte Termine verbindlicher einhalten konnte, als dies vor der Modellerprobung bei Verabredungen innerhalb des Wohnheims üblich war.

> MA: *Also, was er sonst wirklich, wo er es sehr schwer mit hat, sich so an Dinge zu halten, an Termine zu halten und an abgesprochene Dinge, wie ... äh ja, also Termine ist schon mal schwierig. Regeln, Grenzen und dieses Ganze ist alles ein bisschen schwierig. Und dadurch, dass er das so selber initiiert hat, ist es, merk' ich schon, dass er diese Termine wirklich immer wahrgenommen hat. Also, die hat er nie sausen lassen. Und dass ihm das sehr wichtig ist und dass er dafür was investiert. Also, das finde ich schon im Verhältnis zu vielen anderen Verhaltensweisen, die er sonst hier so an den Tag legt, ist das schon auf jeden Fall 'ne Veränderung.* (MA 08 Int[06], 97)

Aus Mitarbeitersicht führt die größere Eigenverantwortung also zur höheren subjektiven Bedeutung der Absprachen und somit zu mehr Verlässlichkeit.

5.3.6 Gesamtbetrachtung

Herr Behrens lässt sich als intuitiver und kreativer Budgetnehmertyp beschreiben. Zu Anfang der Modellerprobung erscheint er weniger als idealer Teilnehmer, der selbstständig und eigenverantwortlich Geldleistungen verwalten, planen und umsetzen werde. Vielmehr erwartet man von ihm Schwierigkeiten beim Umgang mit Geld. Seine Sprunghaftigkeit und Unzuverlässigkeit bei Absprachen stehen scheinbar im Widerspruch zu mit dem Persönlichen Budget einhergehenden neuen Aufgaben.

Entsprechend erwies sich Herr Behrens in der ersten Modellphase auch als ein sehr zurückhaltender Budgetnehmer. Seine quantitative Budgetinanspruchnahme und die Befragungsergebnisse erweckten den Eindruck, dass das Persönliche Budget in seinem Alltag keine Rolle spiele. Nur ein Bruchteil des Geldes wurde für unregelmäßig stattfindende Aktivitäten investiert. Außerdem hatte Herr Behrens auch nach anderthalb Jahren Laufzeit des Modellversuchs noch große Schwierigkeiten, die Grundgedanken des Persönlichen Budgets sowie dessen praktische Umsetzung zu beschreiben. Eigene Ideen zur Budgetverwendung brachte er zunächst nicht ein; die neuen Entscheidungsmöglichkeiten und Leistungsoptionen wurden von ihm vermutlich nicht einmal wahrgenommen.

Dies änderte sich in der zweiten Modellversuchsphase erheblich: Seine quantitative Budgetinanspruchnahme wuchs, und er entwickelte Selbstbewusstsein, Zuverlässigkeit und Aufmerksamkeit für Alltagsaufgaben. Aus Sicht der Bezugsmitarbeiterin wandelte sich Herr Behrens von einem passiven Nutzer des Budgets zu einem aktiven Budgetnehmer, der seine Geldbeträge gezielt für gewünschte, benötigte und auch externe Unterstützung einsetzt, und es auch sichtlich genießt, „sein eigener Chef" zu sein.

Dennoch bleiben für Herrn Behrens die mit dem Persönlichen Budget verbundenen Organisationsaspekte vermutlich weiterhin eher unerheblich. Er erkennt die Unterschiede bei der Budgetverwaltung und -organisation durch den bargeldlosen Ablauf vermutlich kaum, und auch seine Schwierigkeiten beim Umgang mit Geld verändern sich derzeit wohl nicht. Trotzdem wandelt sich sein Leben relevant: Aus dem Zutrauen seiner Umwelt und der praktischen Möglichkeit mehr zu entscheiden, welche Aktivitäten mit wem (über interne oder externe Unterstützung) durchgeführt werden können, entwickelt er Verlässlichkeit und Selbstbewusstsein. Auch wenn Herr Behrens nach wie vor auf budgetbezogene Beratung und Unterstützung angewiesen ist, so wachsen doch seine Kompetenzen, um Aktivitäten über das Budget zu lenken. Seine Kreativität und sein intuitives Handeln werden auf der praktischen Ebene der Leistungserbringung in geordnetere Bahnen gelenkt, wodurch sich seine Umsetzungskompetenz (Verabredungen mit Unterstützungspersonen treffen und einhalten) deutlich verbessert.

6 Wie man sein eigener Chef wird[17], oder: Eine Fabel vom Umbau im stationären Wohnen

Unter dem Eindruck der verschiedenen Wege, die die Teilnehmerinnen und Teilnehmer des Modellversuchs zum Persönlichen Budget eingeschlagen haben, um ihren Alltag zu gestalten und ihre Unterstützung zu organisieren, liegt die Suche nach Faktoren nahe, die solche Veränderungsprozesse beeinflussen. Die positive Wirkung der Budgetidee wird über einen Beobachtungszeitraum von mehr als drei Jahren sichtbar und wird auch von allen Beteiligten empfunden. Wie aber können aus Modellmaßnahmen Routinen werden? Und insbesondere: Was macht es für Budgetnehmerinnen und Budgetnehmer leichter zu handeln? Welche Umstände reduzieren ihre Aktivität? Dass es mit einer Aufforderung alleine nicht getan ist, ihren Freiraum zu nutzen, ist deutlich geworden. Wie aber können sie Entscheidungs- und Handlungskompetenz so aufbauen, dass sie freier entscheiden und handeln können? Kann dies bei einem Personenkreis gelingen, der gerade wegen seiner kognitiven Einschränkungen unter besonderen Unterstützungsbedingungen lebt und von dem bislang vor allem „sachgerechtes" Verhalten erwartet wurde, beispielsweise die Organisationen nicht zu stören und die eigene oder andere Personen nicht zu gefährden? Wie können Menschen mit geistiger Behinderung „lernen", Zutrauen zu sich zu fassen, wie können sie „lernen", sich Herausforderungen zu stellen, die Verantwortung mit sich bringt, und wie sollen sie „lernen", mit spürbaren Folgen von Erfolg und Misserfolg umzugehen? Pädagogisch gesehen gelten „learning by doing" und „learning through interaction" als Methoden der Wahl, wenn man Entwicklungsschritte gestalten will. Dass durch Handeln Handlungskompetenz wächst und durch Information und Kooperation das Gefühl, anerkannt und erfolgreich zu sein, zeigt auch der Modellversuch. Das System der Rehabilitation hat entsprechende Konzepte aber – insbesondere im Bereich stationärer Unterstützungsleistungen – noch kaum erprobt; eine über Einzelprojekte hinausreichende breitere Umsetzung steht noch aus. Noch immer sammeln ihre Klienten vorrangig Erfahrungen, die wenig auf eigenen Entscheidungen basieren.

---

17   Vgl. Nußbicker 2007b

Mit dem Wunsch und Willen, für Menschen mit Behinderung nicht nur therapeutische Maßnahmen, pflegerische Hilfen oder Persönlichkeitsförderung zu bieten, sondern auch ihre individuellen Entwicklungsschritte anzustoßen und ihnen mehr und mehr eigene Entscheidungen und Handlungen zu ermöglichen, müssen zukünftig auf breiterer Basis entsprechende Interventionen einhergehen. Es müssen mehr und mehr günstige, förderliche, produktive Gelegenheiten, Anreize und Umgebungen entstehen, in und mit denen Handlungskompetenz wachsen kann. Eine Dynamik individueller Orientierung in Gang zu setzen bei Personen, die bislang vor allem auf ihr (besseres) Funktionieren hin gefördert worden sind, ist allerdings kein leichtes Ziel. Es sind – neben den bestehenden Einschränkungen – Hürden zu überwinden, die sich auch aus geringen Selbstwirksamkeitserwartungen ergeben. Auch an sich zu glauben will „gelernt" sein, ebenso wie sich zuzutrauen, dass man Situationen meistern und auf seine Welt Einfluss nehmen kann. Diese Kraftquellen tragen dann wiederum zu Selbstbewusstsein bei, machen Mut, sich Ziele zu stecken und erhöhen damit auch die Chancen, sie zu erreichen.

Folgt man Bandura (1997), lassen sich vier Stellschrauben für wachsendes Selbstvertrauen nachweisen:

- Wer schwierige Situationen meistern kann, glaubt an eigene Fähigkeiten.
- Wer erfolgreiche Vorbilder hat, die ihm oder ihr ähnlich sind, traut sich diese Leistung selbst eher zu.
- Wem man zutraut, erfolgreich zu handeln, dem fällt dies leichter.
- Wer sich neuen Anforderungen stressfrei stellen kann, der bewältigt sie besser.

Angewendet für Menschen mit Behinderung unter stationären Wohnbedingungen könnte dies bedeuten herauszufinden, wie ein Rahmen entsteht,

- in dem sie ihre Fähigkeiten erfahren und erproben können, auch wenn es gilt, Schwierigkeiten zu meistern,
- in dem sie Vorbilder (Peers) finden und sich mit ihnen vergleichen können, die erfolgreich als Akteure ihres Lebens auftreten,
- in dem ihnen Zutrauen und Erwartungen entgegengebracht werden und
- in dem man Anforderungen so zuschneidet, dass sie von ihnen bewältigt werden können.

Diese Ziele wurden und werden im PerLe-Modellversuch verfolgt und müssen nun – nachdem das Persönliche Budget über mehrere Jahre in seiner Ausformung entwickelt und seiner Wirkung kontrolliert wurde – auf weitere Bereiche der stationären Wohnangebote ausgerichtet werden. Dass dies aus Sicht der Einrichtung zu einer „verrückten" Situation führen wird, wie dies vor fünf Jahren zu Beginn des PerLe-Projektes ein weitsichtiger Mitarbeiter formulierte, soll nicht verschwiegen werden. Vielleicht macht aber genau dieses „verrückt sein" Bewegung möglich, denn es ist eine grundlegende Umorientierung zu leisten, Rollen sind neu zu besetzen und Regeln verändern sich. Über die neue Ressourcensteuerung – Geldleistungen neben Sachleistungen – wirkt eine Art Gegenstrom im Alltag: Hilfeempfänger werden zu Auftraggebern und „Chefs", Versorgungsanbieter zu Agenturen für einen Leistungsmix verschiedener Dienstleister. Dies im Modellversuch zu experimentieren und in allen Folgen und Wirkungen auf sich zu nehmen, war und ist eine echte Pionierleistung und zugleich eine paradoxe Situation: Diejenigen, die das Steuer in der Hand haben, geben mehr Macht an einen Personenkreis, der genau deswegen in ihrer Obhut ist, weil die selbstbestimmte Lebensführung aus verschiedenen Gründen nicht zu gelingen scheint.

Mit der „Macht des Geldes", aber auch mit einer noch in den Kinderschuhen steckenden Idee Persönlicher Budgets holte man Personen „ans Ruder", die zuvor zeitlebens „all inclusive" versorgt durch ihr Leben navigiert wurden. Dies ist bundesweit bislang einzigartig und schien anfangs riskant bei Menschen, die nicht nur Ressourcen, sondern auch Beratung und Anleitung benötigen.

Dieses Experiment war wichtig, um im Rehabilitationssystem zu lernen, ob und wie zukünftig Schritte zu gestalten sein werden, die aus erwachsenen Hilfeempfängern mehr „eigene Chefs" machen. Mit Geldleistungen alleine, so zeigte sich deutlich, wird es nicht getan sein. Budgetnehmerinnen und Budgetnehmer werden nicht alleine dadurch mehr Akteure ihres Lebens, dass man ihre ungleiche Lebenslage – verglichen mit anderen Sozialleistungsempfängern – verändert. Weder die Auflösung von Heimen noch die Sozialhilfe als Persönliches Budget lösen diese Aufgabe für die Rehabilitationssysteme, sondern es muss zusätzlich mehr Mühe aufgebracht werden, auf gegenseitigen Respekt und Achtsamkeit im Umgang mit jeder und jedem Einzelnen. Damit steht die Behindertenhilfe vor einer neuen großen Entwicklungsaufgabe, wie der vorliegende Bericht beweist: Mit veränderten Konzepten und Methoden müssen individuelle Bedarfe und Bedürfnisse erkannt und im Leistungsgeschehen maßgeblich werden. Es ist noch zu lernen, der Verschiedenheit der Menschen mit Behinderung nicht mit ihrer Einpassung in eine Organisations- oder Therapieform zu begegnen, sondern durch flexible Gestaltung der Unterstützung und des Zusammenlebens.

Eine Fabel des Amerikanischen Personalberaters Roosevelt Thomas (vgl. Thomas & Woodruff 1999) verdeutlicht Merkmale dieses neuen Denkens unter dem Leitthema:

> **Wie passen Giraffe und Elefant in dasselbe Haus**
> Die Giraffe, ein aufstrebender Handwerker im Holzgewerbe, hat soeben einen Preis erhalten. Ihr Haus ist zum Giraffenhaus des Jahres ernannt worden. Nun bekommt die Giraffe Besuch von einem guten Freund und Fachkollegen, dem Elefanten. Die beiden planen, zukünftig enger zusammenzuarbeiten, und der Elefant möchte sich gerne das prämierte Haus näher ansehen, um etwas für die neue Kooperation zu lernen. Nun sind Elefanten in Giraffenhäusern aber nicht vorgesehen: Der Besuch des grauen Riesen bekommt ihm selbst und dem Haus nicht sehr gut.
> Da schaltet sich die Giraffe ein und meint zu ihrem Besucher: „Wenn wir wirklich zusammenarbeiten wollen, solltest du etwas abnehmen. Ich könnte zwar die Eingangstür verbreitern, sie muss nun sowieso repariert werden, aber insgesamt ist es doch ein bisschen eng mit dir hier drin. Was hältst du von einem Abonnement im Fitness-Studio?"
> Der gutmütige Elefant ist bereit, an sich zu arbeiten. Er hält das Abspecken für eine akzeptable Idee, will aber auch die Räumlichkeiten im oberen Stockwerk besichtigen. Als sich der Staub gelegt hat, erweitert die Giraffe ihre Veränderungswünsche an den potenziellen Kooperationspartner. Sie meint: „Du solltest nach dem Fitness-Kurs gleich weitergehen zur Ballettstunde, damit du etwas leichtfüßiger wirst. Sonst können wir in diesem Haus wohl kaum erfolgreich zusammenarbeiten."
> Der Elefant hat inzwischen seine Wunden verbunden. Er hat aber auch begriffen, dass seine Adaptationsbereitschaft nicht ihr Problem löst. Er sagt: „Ich glaube kaum, dass Fitness-Studio und Ballett-Unterricht uns auf Dauer weiterbringen. Hast Du mal daran gedacht, an Deinem Haus etwas zu verändern?"

Wir wissen nicht, wie flexibel die Giraffe reagierte – schließlich handelte es sich ja auch um ein prämiertes Gebäude. Für das stationäre Wohnen in der Behindertenhilfe mag die Fabel jedenfalls Impulse geben. Die Zukunft ihres Angebots sollte nicht von der Anpassung der Bewohnerinnen und Bewohner an ein bestehendes System geleitet werden – auch wenn es sehr ansehnlich und erfolgreich scheint. Der Eigenart und dem Eigensinn jeder Person mehr Bedeutung beizumessen – auch und gerade wenn sie mit Behinderung lebt –, ihre individuellen

Potenziale und Kompetenzen zu erkennen und für die Neugestaltung einer gemeinsamen Welt nutzbar zu machen, in der Unterstützung und Selbstwirksamkeit besser harmonieren, wären lohnenswerte Ziele. Dass sich dabei die Grenzen zwischen stationärem und ambulantem Wohnen auflösen, wird sich sachlogisch ergeben (vgl. Deutscher Verein für öffentliche und private Fürsorge e.V. 2007, 6).

Im Leistungsmix, wie er im Modellversuch PerLe entwickelt wurde, wird kein radikaler Umbau bestehender Leistungssysteme vollzogen; bewährte Grundleistungen bieten die Sicherheit, auf Standards benötigter Unterstützung vertrauen zu können, aber auch die Garantie für die Leistungsanbieter, dass ihre Arbeit und Mühe nicht leichtfertig verworfen wird. Dass die Teilhabe an einer komplexen Gesellschaft, in der sich wandelnde und auch widersprüchliche Bedingungen den Alltag bestimmen, für alle hohe Anforderungen stellt, kann nicht ausgeblendet werden. Im behutsamen und schrittweisen Umbau können sich Bewohnerinnen und Bewohner, das Fachpersonal, aber auch die Organisation Zeit nehmen und Mut fassen, für ihren Weg zu mehr Teilhabe. Viele Veränderungen sind zu gestalten: Angebote müssen differenziert und für eine nachvollziehbare Leistungsgestaltung und -bemessung auch modularisiert werden. Akteur des eigenen Lebens zu werden, kann und muss ebenso gelernt werden wie Formen der gemeinsamen Kommunikation, die Informationsstand und Kohärenzgefühl fördern. Dazu passen Praxiskonzepte wie Supported living, die Wohnen und Lebensführung über angemessene Dienstleistungen organisieren und sicherstellen (vgl. Lindmeier & Lindmeier 2001). Auch das Persönliche Budget bietet passende Anreize. Dass es Prozesse des Wandels beschleunigen kann, dürfte deutlich geworden sein.

Unterstützung bei Wohnen und Lebensführung nach Maß zu gestalten, gelingt vermutlich mit und ohne Persönliche Budgets. Dass dieses Ziel aber aus Sicht der Wissenschaft ebenso wie nach Meinung der Professionellen und Experten in eigener Sache unausweichlich und lohnenswert sein wird, dies zeigen die Ergebnisse und Originaltöne in diesem Bericht überzeugend.

Literaturverzeichnis

Antonovsky, Aaron (1997): Salutogenese. Zur Entmystifizierung der Gesundheit. Tübingen: Dgvt.
Bandura, Albert (1997): Self-efficacy. The exercise of control. New York: Freeman.
BAGüS – Bundesarbeitsgemeinschaft der überörtlichen Träger der Sozialhilfe (2006): Entwicklung der Fallzahlen in der Eingliederungshilfe. (online) http://www.bebev.de/files/pdf/2007/sonstige/2007-01-29FallzahlpapierBAGueS.pdf
Baumgartner, Edgar et al. (2007): Assistenzmodelle im internationalen Vergleich. Leistungen und Maßnahmen zur Unterstützung selbstbestimmten und eigenverantwortlichen Lebens in ausgewählten Ländern. Forschungsbericht Nr. 11/07. Beiträge zur sozialen Sicherheit. (online) http://www.bsv.admin.ch/themen/iv/00023/00372/index.html?lang=de
Bortz, Jürgen & Döring, Nicola (1995): Forschungsmethoden und Evaluation für Sozialwissenschaftler. 2. Aufl. Berlin: Springer.
Consens – Consulting für Steuerung und soziale Entwicklung GmbH (2007): Kennzahlenvergleich der überörtlichen Träger der Sozialhilfe 2005 und 2006. Beziehbar über die Bundesarbeitsgemeinschaft der überörtlichen Träger der Sozialhilfe (BAGüS). (online) http://www.lwl.org/LWL/Soziales/BAGues/Veroeffentlichungen
Deutscher Verein für öffentliche und private Fürsorge e.V. (2007): Verwirklichung selbstbestimmter Teilhabe behinderter Menschen! Empfehlungen des Deutschen Vereins zur Weiterentwicklung zentraler Strukturen in der Eingliederungshilfe, DV 13/2007 AF IV, 13. Juni 2007. (online) http://www.deutscher-verein.de/05-empfehlungen/empfehlungen2007/pdf/Verwirklichung-selbstbestimmter-Teilhabebehinderter-Menschen.pdf
Flick, Uwe (Hrsg.) (2006): Qualitative Evaluationsforschung. Konzepte – Methoden – Umsetzung. Reinbek: Rowohlt.
Forschungsgruppe IH-NRW (2006): Selbständiges Wohnen behinderter Menschen – Individuelle Hilfen aus einer Hand. Zweiter Zwischenbericht der wissenschaftlichen Begleitforschung. (online) http://www.ih-nrw.uni-siegen.de
Forschungsgruppe IH-NRW (2008): Selbständiges Wohnen behinderter Menschen – Individuelle Hilfen aus einer Hand. Abschlussbericht. Siegen: Zentrum für Planung und Evaluation Sozialer Dienste der Universität Siegen (ZPE).
Kaas, Susanne (2002): Persönliches Budget für behinderte Menschen. Evaluation des Modellprojektes „Selbst bestimmen – Hilfe nach Maß für behinderte Menschen" in Rheinland-Pfalz. Baden-Baden: Nomos.
Kastl, Jörg M. & Metzler, Heidrun (2005): Modellprojekt Persönliches Budget für Menschen mit Behinderung in Baden-Württemberg. Abschlussbericht der wissenschaftlichen Begleitforschung. (online) http://www.sm.baden-wuerttemberg.de/sixcms/media.php/1442/SCHLUSSBERICHT-Internet.pdf
Kelle, Udo & Kluge, Susann (1999): Vom Einzelfall zum Typus. Fallvergleich und Fallkontrastierung in der qualitativen Sozialforschung. Opladen: Leske + Budrich.

Kruse, Andreas (2006): Kompetenzformen bei älteren Menschen mit geistiger Behinderung. In: Krüger, Fritz & Degen, Johannes (Hrsg.): Das Alter behinderter Menschen. Freiburg: Lambertus, 118-146.

Lindmeier, Bettina & Lindmeier, Christian (2001): Supported living. Ein neues Konzept des Wohnens und Lebens in der Gemeinde für Menschen mit (geistiger) Behinderung. In: Behinderte in Familie, Schule und Gesellschaft 24 (3/4), 39-50.

Luhmann, Niklas (1994): Soziologische Aufklärung 4. Beiträge zur funktionalen Differenzierung der Gesellschaft. 2. Aufl. Opladen: Westdeutscher Verlag.

LVR & LWL – Landschaftsverband Rheinland & Landschaftsverband Westfalen-Lippe (2001): Eingliederungshilfe heute. Entwicklung und Perspektive. Eine Information der Landschaftsverbände Rheinland und Westfalen-Lippe. (online) http://www.lwl.org/spur-download/pdf/broschuere.pdf

LWL, vBA Bethel & Uni Dortmund (2006): „Persönliches Budget mit geistig Behinderten geht nicht – und stationär schon gar nicht!?". Gemeinsamer Zwischenbericht zum Modellprojekt PerLe. (online) http://www.fk-reha.uni-dortmund.de/Soziologie/PerLe/PerLe_Zwischenbericht.pdf

MASFG – Ministerium für Arbeit, Soziales, Familie und Gesundheit des Landes Rheinland-Pfalz (2004): Bericht an den Landtag. (online) http://www.masfg.rlp.de/Soziales/Dokumente/Bericht_HilfenachMaß.pdf

Mayring, Philipp (2000): Qualitative Inhaltsanalyse. Grundlagen und Techniken. 7. Aufl. Weinheim: Deutscher Studien-Verlag.

Metzler, Heidrun (2001): Hilfebedarf von Menschen mit Behinderung. Fragebogen zur Erhebung im Lebensbereich „Wohnen/ Individuelle Lebensgestaltung", H.M.B.-W, Version 5. Tübingen: Forschungsstelle Lebenswelten behinderter Menschen.

Metzler, Heidrun et al. (2007): Begleitung und Auswertung der Erprobung trägerübergreifender Persönlicher Budgets. Wissenschaftliche Begleitforschung zur Umsetzung des Neunten Buches Sozialgesetzbuch (SGB IX) – Rehabilitation und Teilhabe behinderter Menschen – Abschlussbericht, Juli 2007. (online) http://www.bmas.de/coremedia/generator/23072/property=pdf/f366__forschungsbericht.pdf

Nußbicker, Rainer (2008): Die Idee eines Persönlichen Budgets in einer stationären Einrichtung. In: Verhaltenstherapie & Psychosoziale Praxis 40 (1), 47-50.

Nußbicker, Rainer (2007a): Ein langer Weg. In: Nußbicker, Rainer (Hrsg.) (2007b): „Ich bin jetzt Chef!" Die Idee des Persönlichen Budgets in einer stationären Einrichtung für Menschen mit Behinderung. Ein Praxisbericht. Bielefeld: Bethel-Verlag, 14-20.

Nußbicker, Rainer (Hrsg.) (2007b): „Ich bin jetzt Chef!" Die Idee des Persönlichen Budgets in einer stationären Einrichtung für Menschen mit Behinderung. Ein Praxisbericht. Bielefeld: Bethel-Verlag.

Roos-Pfeifer, Wolfgang (2007): Von der Überwindung gelernter Hilflosigkeit. Entwicklung und Erprobung eines Fortbildungskonzeptes Persönliches Budget für Menschen mit Behinderung. In: Nußbicker, Rainer (Hrsg.) (2007b): „Ich bin jetzt Chef!" Die Idee des Persönlichen Budgets in einer stationären Einrichtung für Menschen mit Behinderung. Ein Praxisbericht. Bielefeld: Bethel-Verlag, 21-50.

Schäfers, Markus & Wansing, Gudrun (2005): Evaluation der Fortbildung „Persönliches Budget". Unveröffentl. Manuskript. Technische Universität Dortmund.

Schäfers, Markus (2008a): Ernstfall Emanzipation – Bildungsarbeit im Kontext des Persönlichen Budgets. In: Erwachsenenbildung und Behinderung 19 (1), 16-24.
Schäfers, Markus (2008b): Lebensqualität aus Nutzersicht. Wie Menschen mit geistiger Behinderung ihre Lebenssituation beurteilen. Wiesbaden: VS Verlag für Sozialwissenschaften.
Schlebrowski, Dorothée (2009): Starke Nutzer im Heim. Wirkung Persönlicher Budgets auf soziale Dienstleistungen. Wiesbaden: VS Verlag für Sozialwissenschaften.
Sennett, Richard (2004): Respekt im Zeitalter der Ungleichheit. Berlin: Berlin Verlag.
SGB IX – Sozialgesetzbuch – Neuntes Buch – Rehabilitation und Teilhabe behinderter Menschen – Vom 19. Juni 2001. Bundesgesetzesblatt I, 1046.
Speicher, Joachim (2008): Das Persönliche Budget – Oder: Wenn die Dauerkarte für das Fitness-Studio zur Konkurrenz der Tagesförderung wird. In: Verhaltenstherapie & Psychosoziale Praxis 40 (1), 41-45.
Stadt Bielefeld (1997): Behindertenhilfeplan. Bielefeld.
Steuerungsgruppe Behindertenhilfe der Stadt Bielefeld (o.J.): Ambulante und stationäre Hilfen für Menschen mit Behinderungen in Bielefeld. Bielefeld.
Stiftungsbereich Behindertenhilfe Bethel (2004): Einrichtungen und Dienste. (online) http://www.behindertenhilfe-bethel.de/htm/uunt/einrichtungen.php
Thomas, Roosevelt R. & Woodruff, Marjorie I. (1999): Building a House for Diversity. How a Fable About a Giraffe & an Elephant Offers new Strategies for Today's Workforce. New York: Amacom.
Wacker, Elisabeth (2003): Behinderungen und fortgeschrittenes Alter als geragogische Herausforderungen. In: Leonhardt, Annette & Wember, Franz B. (Hrsg.). Grundfragen der Sonderpädagogik. Bildung. Erziehung. Behinderung. Weinheim: Beltz, 875-888.
Wacker, Elisabeth (2008a): Behinderung in der Gesellschaft. 50 Jahre im soziologischen Blick – vom Dialog zum Diskurs. In: Geistige Behinderung 47 (1), 42-61.
Wacker, Elisabeth (2008b): Soziologische Ansätze: Behinderung als soziale Konstruktion. In: Nußbeck, Susanne; Biermann, Adrienne & Adam, Heidemarie (Hrsg.). Sonderpädagogik der geistigen Entwicklung. Bd. 4: Handbuch Sonderpädagogik. Göttingen: Hogrefe, 115-158.
Wacker, Elisabeth (2008c): Selbstbestimmung und Behinderung. In: Verhaltenstherapie & Psychosoziale Praxis 40 (1), 11-27.
Wacker, Elisabeth (2009): Das Persönliche Budget – Neue Leistungsgestaltung in der Behindertenhilfe. In: Die Rehabilitation 48 (1), 1-11.
Wacker, Elisabeth et al. (Hrsg.) (2005): Teilhabe. Wir wollen mehr als nur dabei sein. Marburg: Lebenshilfe-Verlag.
Wacker, Elisabeth; Wansing, Gudrun & Schäfers, Markus (2005): Personenbezogene Unterstützung und Lebensqualität. Wiesbaden: Deutscher Universitäts-Verlag.
Wansing, Gudrun; Hölscher, Petra & Wacker, Elisabeth (2003): Maß nehmen und Maß halten – in einer Gesellschaft für alle (3). Personenbezogene Leistungen (PerLe) für alle – Budgetfähigkeit und Klientenklassifikation in der Diskussion. In: Geistige Behinderung 42 (3), 210-221.
Wansing, Gudrun (2005): Teilhabe an der Gesellschaft. Menschen mit Behinderung zwischen Inklusion und Exklusion. Wiesbaden: VS Verlag für Sozialwissenschaften.

Wansing, Gudrun (2007a): Behinderung: Inklusions- oder Exklusionsfolge? Zur Konstruktion paradoxer Lebensläufe in der modernen Gesellschaft. In: Waldschmidt, Anne & Schneider, Werner (Hrsg.): Disability Studies, Kultursoziologie und Soziologie der Behinderung: Erkundungen in einem neuen Forschungsfeld. Bielefeld: transcript, 275-297.

Wansing, Gudrun (2007b): Persönliches Budget. In: Greving, Heinrich (Hrsg.): Kompendium Heilpädagogik. Bd. 2. Troisdorf: Bildungsverlag Eins, 165-175.

WHO – World Health Organization (1948): The WHO-Constitution. Genf: WHO.

WHO – World Health Organization (2001): International Classification of Functioning, Disability and Health. Genf: WHO.

Windheuser, Jochen; Amman, Wiebke & Warnke, Wiebke (2006): Abschlussbericht der wissenschaftlichen Begleitung des Modellvorhabens zur Einführung Persönlicher Budgets für Menschen mit Behinderung in Niedersachsen. (online) http://www.behindertenbeauftragter-niedersachsen.de/budget_bblni/pics/Abschlussbericht_persbudget.pdf

VS Forschung | VS Research
Neu im Programm Soziale Arbeit

Peter-Georg Albrecht
Professionalisierung durch Milieuaktivierung und Sozialraumorientierung?
Caritas-Sozialarbeit in der Entwicklung
2008. 170 S. Br. EUR 19,90
ISBN 978-3-531-15874-7

Otger Autrata / Bringfriede Scheu
Soziale Arbeit
Eine paradigmatische Bestimmung
2008. 197 S. (Forschung, Innovation und Soziale Arbeit) Br. EUR 29,90
ISBN 978-3-531-16271-3

Frank Eger
Wie Jugendämter entscheiden
Ursachen einer veränderten Inanspruchnahme von Hilfen zur Erziehung
2008. 144 S. Br. EUR 29,90
ISBN 978-3-531-16187-7

Thomas Ködelpeter /
Ulrich Nitschke (Hrsg.)
Jugendliche planen und gestalten Lebenswelten
Partizipation als Antwort auf den gesellschaftlichen Wandel
2008. 262 S. Br. EUR 35,90
ISBN 978-3-8350-7016-5

Thomas Müller
Innere Armut
Kinder und Jugendliche zwischen Mangel und Überfluss
2008. 160 S. Br. EUR 29,90
ISBN 978-3-531-15862-4

Renate Schwarz
Supervision und professionelles Handeln Pflegender
2009. 275 S. Br. EUR 34,90
ISBN 978-3-531-16210-2

Monika Thomsen
Professionalität in der Schuldnerberatung
Handlungstypen im Vergleich
2008. 276 S. Br. EUR 39,90
ISBN 978-3-531-15823-5

Erhältlich im Buchhandel oder beim Verlag.
Änderungen vorbehalten. Stand: Januar 2009.

www.vs-verlag.de

VS VERLAG FÜR SOZIALWISSENSCHAFTEN

Abraham-Lincoln-Straße 46
65189 Wiesbaden
Tel. 0611.7878-722
Fax 0611.7878-400

VS Forschung | VS Research
Neu im Programm Soziologie

Sünne Andresen / Mechthild Koreuber / Dorothea Lüdke (Hrsg.)
Gender und Diversity: Albtraum oder Traumpaar?
Interdisziplinärer Dialog zur „Modernisierung" von Geschlechter- und Gleichstellungspolitik
2009. 260 S. Br. EUR 34,90
ISBN 978-3-531-15135-9

Kai Brauer / Gabriele Korge (Hrsg.)
Perspektive 50plus?
Theorie und Evaluation der Arbeitsmarktintegration Älterer
2009. 355 S. (Alter(n) und Gesellschaft Bd. 18) Br. EUR 49,90
ISBN 978-3-531-16355-0

Achim Bühl (Hrsg.)
Auf dem Weg zur biomächtigen Gesellschaft?
Chancen und Risiken der Gentechnik
2009. 533 S. Br. EUR 59,90
ISBN 978-3-531-16191-4

Rudolf Fisch / Andrea Müller / Dieter Beck (Hrsg.)
Veränderungen in Organisationen
Stand und Perspektiven
2008. 444 S. Br. EUR 49,90
ISBN 978-3-531-15973-7

Insa Cassens / Marc Luy / Rembrandt Scholz (Hrsg.)
Die Bevölkerung in Ost- und Westdeutschland
Demografische, gesellschaftliche und wirtschaftliche Entwicklungen seit der Wende
2009. 367 S. (Demografischer Wandel – Hintergründe und Herausforderungen)
Br. EUR 39,90
ISBN 978-3-8350-7022-6

Rainer Greca / Stefan Schäfferling / Sandra Siebenhüter
Gefährdung Jugendlicher durch Alkohol und Drogen?
Eine Fallstudie zur Wirksamkeit von Präventionsmaßnahmen
2009. 209 S. Br. EUR 29,90
ISBN 978-3-531-16063-4

Stephan Quensel
Wer raucht, der stiehlt...
Zur Interpretation quantitativer Daten in der Jugendsoziologie.
Eine jugendkriminologische Studie
2009. 315 S. Br. EUR 39,90
ISBN 978-3-531-15971-3

Melanie Weber
Alltagsbilder des Klimawandels
Zum Klimabewusstsein in Deutschland
2008. 271 S. Br. EUR 34,90
ISBN 978-3-8350-7005-9

Erhältlich im Buchhandel oder beim Verlag.
Änderungen vorbehalten. Stand: Januar 2009.

www.vs-verlag.de

VS VERLAG FÜR SOZIALWISSENSCHAFTEN

Abraham-Lincoln-Straße 46
65189 Wiesbaden
Tel. 0611.7878-722
Fax 0611.7878-400